熟年館

找回存有的價值，找回生活的樂趣
找回親子的溝通，找回自己的天空

臺灣商務印書館

熟年館

再考一張父母執照

黃越綏 著

目次

第二篇　單親的天空，不寂寞

第三篇　多元家庭的親職挑戰

推薦序

孩子教會我的事

多年來，黃越綏老師對我如師如母的提攜與愛護之情，我總是感念在心；能為她的書《再考一張父母執照》寫篇推薦序，也是身為晚輩的我莫大的榮耀。

身為父母，絕對不是件容易的事，但真的沒人教我們怎麼當父母。我們便用自己的經歷和想像，再參考一些坊間的親子書籍，客製化屬於自己的教養方案，但總是忐忑不安。我們真的做對了嗎？紀伯倫《先知》一書中的詩，提醒所有為人父母者：

「你的孩子不是你的孩子，他們是生命自己的孩子。
他們透過你來到這個世界，他們卻不屬於你。
你可以給他們你的愛，卻不能給他們你的思想，因為他們有他們自己的思想。
你可以提供他們身體的住屋，卻不能替他們的靈魂找房子。
因為他們的靈魂住在明日之處，那是你即使在夢中也無法到達的地方。

你可以努力像他們一樣，但是千萬不要使他們像你一樣。

因為生命是無法逆轉的，更不能被昨日的你所耽擱。」

所以我常想，帶著舊靈魂、舊時代的我們對於無法預知的未來，都已是如此懵懂時，我們該如何正確引導孩子的靈魂走向未知的未來？倘若我們可以認知自己的不足，而體認我們對未來生命應該表達敬畏與謙虛的態度時，便會明白堪稱為「父母」者，是多麼不容易的事，而這張父母證照，我們都沒考過。

記得我的孩子四歲時，我和孩子兩人一起坐在飯桌前共用早餐，我不斷反覆提醒孩子小心桌邊的水杯，不要打翻了，然而孩子依然漫不經心做自己的事，終於那杯水在我的眼前蔓延成災難，至少以我當時歇斯底里的情緒，足以把一杯水的事件放大到像幾個小時未關水龍頭而水淹屋內的災難。我就像壓力鍋被打開蓋子般的噴出所有情緒，讓全身的力氣吶喊指控我四歲的孩子犯了罪無可逭的犯行，孩子嚇了一大跳，急忙到後陽台找可以擦拭地板的抹布，邊哭邊跪在地上擦拭水漬，來回擦拭幾次後，還不忘把抹布搭在後陽台晾乾，隨後衝到房間內大哭。坦白說，我的憤怒沒因此停下來，就像永遠不會停止聲音的鸚鵡，至少我現在回憶起來，是如此厭惡當時的我。

我沒有放棄地帶著母親的權威和糾正小孩的特權到了房間，我問孩子：「難道你不認為你錯了嗎？還是我錯了嗎？」他哭著說：「你們大人常說小孩哭有什麼用，那你們罵有什麼用？我不是自己去擦地板了嗎？」

孩子一席話，頓時讓我的傲慢當場被支解，只剩羞愧的殘骸。後來我向孩子認錯，也試著解釋我的行為。我「請教」他，「對於你漫不經心這件事，我還是很生氣，怎麼辦？」他哽咽地說：「那我去門口罰站好了……」於是我和他達成協議，他小小身子就自動自發地跑到門口罰站，而我則站在他旁邊跟著面壁思過，他沒罰我，但我罰了自己。這已是多年前的事了，但那天孩子教會我的事，讓我至今未敢遺忘。

我不知道讀者朋友是否有對孩子認錯的時刻，然而這本書確實提醒了身為父母的我們，我們學得還不夠，做得還不夠啊。

賴芳玉　二〇一二年十一月

本文作者賴芳玉為律州聯合法律事務所主持律師，擅長家事案件。為了提倡兩性平權、家庭暴力及性侵害之防治等，她四處奔波於各婦女中心、政府機構、社區大學等演講，並從事法案之推動。

推薦序

學習做一個稱職的父母親

「再」考一張父母執照，可以解釋成已經有（許多）執照，但要再考一張父母執照，才能如同其他執照般，有資格或合法的執行父母的角色；另一種解釋是已有一張父母執照，但要再考一張父母執照。

第一種解釋在作者的自序與第一篇的標題及該篇的第一章都有進一步的詮釋：「為人父母的角色必須經由本身體驗式的實踐，外加知識的學習——仍有不少成年人認為養孩子的工作，誰都可以勝任，用不著擔心，更不需要花時間去探討、研究及學習……。」

這項說明讓我回想起當年孩子剛出生時，太太問我該如何教養孩子，我猜想她期待這個專攻臨床心理學的先生會講一堆心理學知識與作法，作為教養孩子的指南，所以當我回答：「用妳母親的原則與作法就是最好的！」

她滿臉疑惑，我趕快補充一句：「媽媽教養妳們的，都合乎心理學的主張，雖然她沒有念過心理學……」，她半信半疑的，但也有鬆了一口氣的感覺，究竟媽媽的叮嚀比心理學知識的嘮叨熟悉多了。

心理學的知識告訴我，我們很可能從出生就從與媽媽爸爸的互動中，學習作為一個人，包括學習將來作為父母的角色。父母親對待我們的態度、原則與方式經常被我們內化成對待自己孩子的原型。

過去，傳統的家庭裡，母親就是「專職」的母親，主持著整個家的運轉，阿姨、姑姑們也大多如此，孩子從小就有許多媽媽角色模型（與許多爸爸角色模型）可以觀摩、可以學習。所以我們這一代還有比較多的比例有機會傳承了來自家族的父母經，作為扮演父母角色的基礎；即使如此我們還是需要跟著孩子的成長、時代的變遷，以及環境的變化，繼續學習如何作為一個稱職的父母。這應該就是「再」考一張父母執照的第二種解釋吧。

隨著雙職家庭的增加，孩子們留在學校與補習班的時間越來越長，也越不容易有「完整的」父母角色模型可以學習，另一方面家族相聚的機會被緊湊且快速運轉的生活型態壓縮得所剩無幾，孩子們原本應該有的父母角色模型也被「擠」掉了，因此新一代的父母會有較多的比例尚未學習過父母角色，需要考一張父母執照，而科技文明的發展形成生活環境瞬息萬變，父母角色也需要時時調整，需要再考一張父母執照。

黃老師（跟著編輯先生稱呼越綏姊為黃老師總覺得怪怪的，但是這是一般對她的稱呼，於此文中似乎也較適合如此稱呼）二十年前就寫了這本書幫助父母親做稱職的父母，這次在「老屋翻新比重蓋複雜和辛苦」的努力之下，調整了她心中的父母藍圖，彷彿她也「再」考了一張父母執照。

讀著她寫的篇章，自然浮出她「幽默說教」的表情，我向來佩服她的這種本事——將嚴肅，甚至有些抽象的人生議題，以幽默但具體易懂的方式詳細敘說出來。

我邊看邊記錄想要引用在這篇序裡的段落，待要下筆時，才注意到我摺頁圈注的部分已超過三、四千字了，顯然容納不下，卻也很難取捨，只好告訴希望作為稱職父母的你，請順著篇章讀下去，也請隨時停下來反覆思考一下，好讓黃老師的「說教」與你的生活經驗融會在一起。

台大心理系教授　吳英璋　二〇一二年十二月

自序

成功父母必須活到老學到老

在目前功利的社會裡，不僅居家的環境受到各種污染的威脅，心靈生態方面也在蹂躪中沉淪。

但既生為社會納稅人的一分子，就不能坐視旁觀，任其一味腐化或枯萎，也許大環境不能改變，但小環境可以創造，因此如何從影響「人本」最密切、最重要、最實際的家庭教育去札根，已是每位好公民、好父母責無旁貸的使命。

精神分析和心理學大師艾瑞克森（Eric Erikson），將生命從出生到死亡分成八個週期，為人父母就是其中很重要的階段。要教育一位子女就像培植一株幼苗般，絕非三年五載或是光喊口號，就能如願或有交代，而是需要腳踏實地從大處著眼，諸如生命的意義與生活的價值觀等原則，再由提供學習的環境以及為人處事的生活教育方面進行；並確實以身作則。在智慧的運用、愛心的前提、信心的鼓舞、誠心的執行，以及耐心的期望下，努力做好父母的角色。

身為父母者，除了在婚後生子前要有健全的心理準備外，更要懂得如何教育子女的方法與技巧，不應把子女當作私有財產，而應視為國家託付的資源般來保護，有效地利用人倫親情的光輝及客觀公正的輔導立場，用民主的管教方式及尊重人格的溝通管道，將人生中的體驗、經驗及實驗灌輸給子女，達到潛移默化的良知功能。

「禮不可廢」，有教養的氣質是由學習而來，如何教養子女成為有禮貌、知進退、有自信又謙卑、懂得讚賞而不虛榮，守法、守信又守時，且具有樂觀、積極而又幽默的人格發展，將是現代父母的驕傲與成就，因為未來人類最大的貢獻也許不再是物質科技上的突破，和個人的一大堆謀生證照，而是如何去擁有一個快樂家庭和良好人際關係的人文發展。

長久以來，一直有許多卓越的學者專家們，提供為人父母者許多寶貴的意見供學習，就像拼圖一般，如何運用這些有系統的組合去完成期望的憧憬，是功不可沒的。

而我則站在身為一位單親，擁有三位子女的母親角度，把自己成長的過程、生活中的體驗，以及從事家庭婚姻諮商顧問的實例輔導中所獲得的心得，拿出來與天下父母心分享、交流，也許不成敬意，但卻是由衷地誠心與祝福。

本書第一篇《考一張父母執照》於二十年前（一九九二年）曾由時報出版社發行，同時也作為當年父親節及兒子考上國立菲律賓大學（UP）的賀禮。二十多年來，時代巨輪的滾動下，雖然大環境已有了很大的變化，很多的觀念也在修正與演譯中，但在這個愈來愈功利的社會裡，任何職場上的專業都需考證照，唯獨與生命品質延續攸關的為人父母者，從不須受檢。

其實「活到老學到老」的精神，對想成為成功的父母者而言，是一項必備條件，事實也證明為人父母需要與時俱進，趕上潮流，面對終身學習與成長的重要課題之挑戰。

二〇一二年仲夏的某一天，臺灣商務印書館的經理李俊男先生及編輯何珮琪小姐，虔誠地希望我能基於老書新意的原則下，把這本許多內容仍適用於今日的概念，再推出給新一代的父母者。讓我訝異的是，以他們出版的專業，加上他們又是如此年輕，但卻仍心有戚戚焉地認同父母親的確有需要考執照的喟嘆！

老屋翻新比重蓋複雜和辛苦，但既然他們如此有信心，我也就恭敬不如從命了，同時適逢大女兒初為人母，就以此書作為賀禮。

生命中主客觀的環境與際遇都常有意想不到的黑暗面在挑戰著，但重要的是人性面的光輝，總會像火把般地由父母的心中點燃，再用愛傳遞給子女，一代一代地永不熄滅。

同時也要感謝大兒子提供的漫畫，為本書篇幅增加幾許幽默氣氛，以及大小女兒對我出書的鼓勵。最後特別感謝吳英璋教授及賴芳玉律師情義相挺為拙文寫序，以及推薦此書的好友們。當然更不會忘了感謝買此書的您，願我主觀的看法能供您客觀的參考。

黃越綏　二〇一三年一月

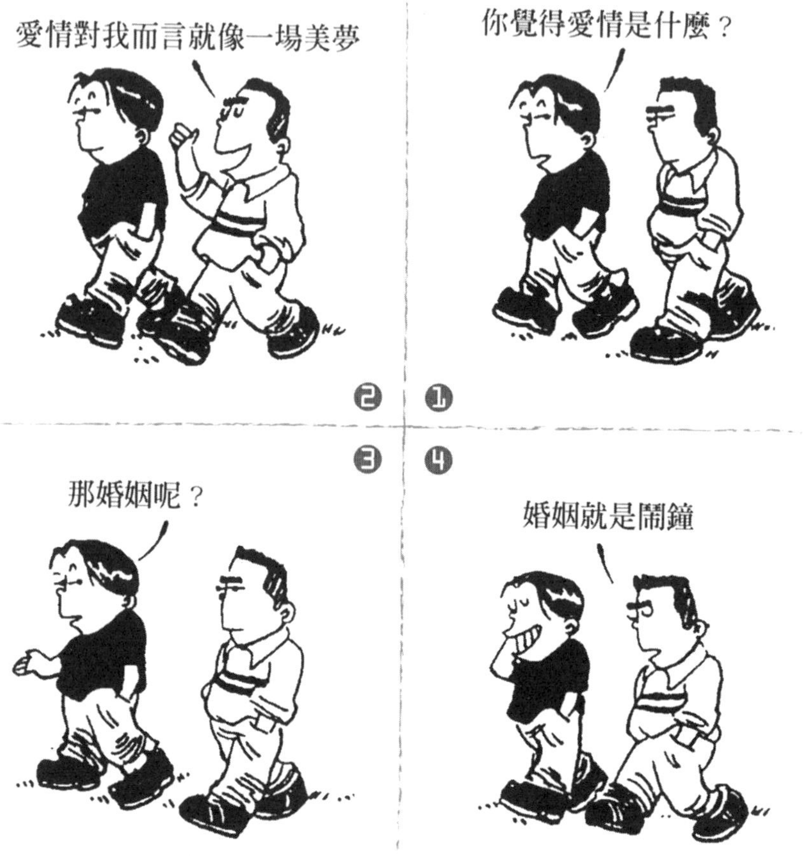
你覺得愛情是什麼？
愛情對我而言就像一場美夢
那婚姻呢？
婚姻就是鬧鐘

Edwin

第一篇

作父母，你要考執照

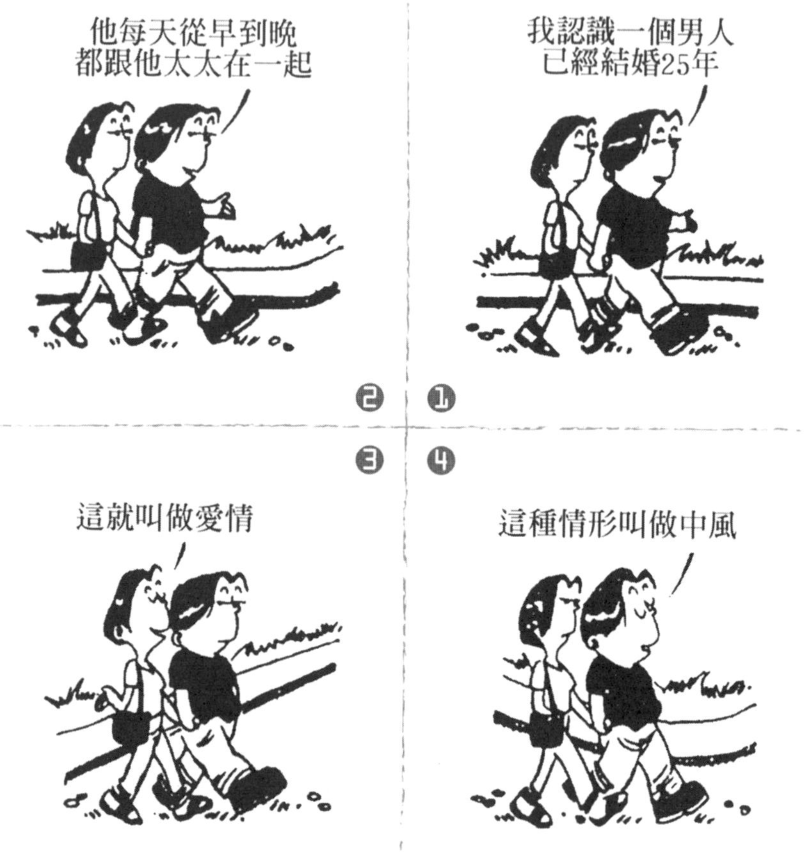
我認識一個男人
已經結婚25年
他每天從早到晚
都跟他太太在一起
這就叫做愛情
這種情形叫做中風

Edwin

1. 為人父母，不是船到橋頭自然直

當一對新人度完蜜月，正式開始履行婚姻生活的權利與義務時，不妨先將未來瑣碎生活細節中要計較的家事放在一旁，先嚴肅地正視隨時都可能在計劃下或意外中，成為父母的資格問題。

自從社會結構以及價值觀的轉變，女性與男性一樣擁有自主的空間以後，兩性彼此提供了相互平等與尊重的學習教育和合作扶持的機會。

加上目前女性投入社會工作的意願與雙薪家庭結構上趨勢所在，對於下一代有愈來愈減產的傾向，孩子的數目往往不超過兩個，獨生子女的現象愈來愈普遍，「生」與「育」對現代父母而言是個嚴肅的議題也是權能的挑戰。

回憶年輕度蜜月時，丈夫曾體貼地徵詢我「是否可以不避孕？」理由是因為他認為沒有孩子歡笑的家，總覺得不夠踏實。

結婚女性在生兒育女這件事上能受到尊重，其實是涵蓋在男女兩性爭取平等的努力成果中，由於性別差異所產生的種種不平等，已經可以藉由平權教育的機會，彼此學習的互動與影響下，獲得刻板觀念上的解放及人性尊嚴的重視，且自主性地選擇婚姻的生活方式，毋需再像油麻菜籽般的宿命與認同。

但在慶幸可以不用像老一輩般背負著「不孝有三無後為大」的包袱時，同時卻也領悟到「養兒方知父母恩」的深沉意義，更認知到為人父母者，才是真正要面對成熟人生及新角色扮演的體驗與經驗的開始。

做父母，是長期學習的開始

從懷孕的第一天開始，母性的慈暉便隨著肚皮的膨脹無形加速地成長，而父親角色的責任，也因身分的改變而日加持重。期待新生命的誕生無形中成了夫妻共棲生活中互依互賴的另一重要因素，也因此往往會不自覺地，為胎中「無知」的孩子，預設了一個「先知」的世界。

為人父母的角色是種必須經由本身體驗式的實踐，外加知識的學習，與經驗分享的投入體驗，是相當神聖的使命與工作，但仍有不少成年人認為養孩子的工作，誰都可以勝任，用不著擔心更不需要花時間去探討、研究及學習，反正「船到橋頭自然直」。難怪會有人調侃說：「頭胎照書養，老二隨便養，老三、老四當豬養。」

在辦公室裡，經常出現兩極對比的反應，未婚女性交談的內容往往跟己身有關，流行、嗜好、交際等，而已婚的女性則沉醉在「媽媽經」上樂此不疲。

前者對後者的看法，也許在表面上敷衍著，但其內心多半是蔑視或不屑，甚至懷疑為什麼再能幹的女性，一旦變成了母親以後，整個性格居然會產生如此巨大的變化，變得有點「俗不可耐」，似乎以往的雄心壯志全部可以放棄，而未來的理想和目標，只在乎兒女是否能平安，健康長大。

同樣地，未婚男性最失望的，莫過於那些經常同進出吃喝玩樂場所的哥兒們，一旦成了家又有了孩子以後，就像上了發條的機器人，時間一到下了班，馬上往家裡跑，連推託或找藉口的道義都不需要，似乎再有抱負的野心，也可以因為家的親情呼喚而淡然處之。

正因為養兒育女仍是大多數人必須經歷的一段過程，而在我們成長環境的教育體系中，卻多以「教條式」替代了「生活化」，因此初為人父母者，經常處在既想突破現狀，但又不敢完全捨棄傳統的矛盾中，以致無法達到事半功倍的預期效果。

有人主張「兒女是未來的期盼與希望」，也有人認為「兒女是最佳的投資」，更有人發現「兒女是本質最好的朋友」，而最普遍存在的看法則是「養兒育女是做父母的義務」。

不論是基於什麼樣的論點，兒女是獨立的個體，社會的一分子，國家未來的主人翁，這是錯不了的，因此父母教育子女是公民對國家社會的交代，而兒女的成就是國家社會資源品質的保障。

學習如何為人父母，已是一門重要的現代心理學及實際生活體驗的結合，對於這段艱辛過程中，扮演著最重要角色的父母而言，在「生」沒有選擇，「死」也無法預知的生命追求中，由起跑點到終點的接力賽程中，「家庭」「學校」「社會」三個階段的教育是影響人格發展最重要的環境，其中則以「家庭教育」之影響最為原始與深遠，同時也是根基之所在——所謂好的開始是成功的一半。

因此當一對新人度完蜜月，正式開始履行婚姻生活的權利與義務時，不妨先將未來瑣碎生活細節中要計較的，諸如：房子登記誰的名下？車子由誰來選擇？飯後由誰來洗碗、倒垃圾……等等放在一旁，先嚴肅地正視隨時都可能在計劃下或意外中，成為父母的資格問題。而親職（parenting）本質上正意味著社會化及教養方法的角色與責任。

但可惜通常一般夫妻，對於生兒育女所採取的心態，不是順其自然就是按部就班的公式化，除非有特殊情況出現，否則對於這項傳宗接代的工作，並不會刻意地做未雨綢繆的因果檢驗工作，反正是水到渠成，沒有什麼值得大驚小怪的。

事實證明，「天下無不是的父母」這句話是否值得懷疑？而為人父母者是否需要有條件？當然對於這樣的問題，幾乎每對父母親都會自信肯定自己的能力，認為自己具有健康的身體，自足的經濟，兼有愛心及耐性等特質，應該是難不倒的。但這些自己可以掌握的認知，往往只是一種行為完成的意向罷了，並不能代表真正瞭解其中之意義。

為什麼會有「歹竹生好筍」？誰又能保證殘障者教養出來的兒女一定比四肢健全者差？而經濟自足也只能代表生活上的生存保障，並不代表人格的品質。有多少豪門權貴之後，落魄淪為乞兒；又有多少貧寒苦讀者，最終出類拔萃？而愛心與耐心若用之不當，只是變成寵愛與放任的催化劑罷了。

為人父母的三大心理條件

因此為人父母者，除了必須具備供給下一代的生理需要外，如何自省地考慮自己是否能學習與調適在孩子成長過程中各階段性的種種需要，至少在心理上要有：

一、父母要有自我認知的責任承擔

所謂生易養難，既然生兒育女非基於虛榮心的滿足，又不是無可奈何的傳統義務，就應把它當作是對自己心智健全，人格成熟的一種自我認知上的責任承擔與表現，而且是終生不得推卸的義務履行。

也許婚姻生活的過程，未必能盡如人意，但至少選擇婚姻的對象是出於自願的許諾，結局如何都是成年人應有的擔當，不得嫁禍於人，因此萬一不幸當婚姻亮起紅燈，發生變化時，不論處在什麼樣的環境下，都要有勇氣，勇敢地坦承這個事實，而不要將傷害波及無辜的兒女們。

由於父母的結合，方使兒女有生命的機會，但這種機緣的產生並非出於兒女們的自願，因此沒有理由要求他們替父母的婚姻作背書或保證的責任。如果為人父母者，不能將蒼天賜予的這分無法預知或選擇的禮物，用感恩的心情來珍惜或呵護的話，可就枉費到人生走了一遭。

曾經有對新婚夫妻，在期盼中不幸地產下一智障兒，這個出乎意外的打擊，不但影響到初為父母者，而且也導致夫妻情感維繫的困難，以下是個案的參考。

戀愛到結婚是最甜蜜的階段，而婚後獲知妻子懷孕則是最興奮的時刻，在小倆口依照醫學指南，悉心維護下，終於如願地完成了生產的工作，準備接受親朋好友的道賀。但萬料不到盼望已久的新生命卻是個智障兒，這個猶如晴天霹靂的打擊，幾乎令夫妻陷入不知所措的難堪地步。

雖然丈夫尚能以知天命而退一步想，但妻子則堅決地否定這個殘缺生命的存在價值，她不但不願承認這個事實中她所應負的責任，她開始痛恨婚姻帶給她的不幸，她排斥性生活，甚至要求離婚。

她開始封閉自己的生活領域，每天活在悔、恨中，不論丈夫或親朋用什麼鼓勵、安慰和支援，對她而言都是如坐針氈般的諷刺。她受不了別人用異樣的眼光來注視這個事件，她只想逃避及脫離有人的地方，獨自啃蝕自疚、折磨的痛苦。她認為這是前世因果孽障的報應，她甚至咒詛老天對她的不公平，為什麼剝奪了讓她當個正常快樂的母親的權利。

最後他們離婚了，智障的孩子歸屬丈夫。當他們簽完字走出律師辦公室時，丈夫用一向委婉的口氣跟她說：

「我堅信老天為什麼偏偏挑我們來承擔這個痛苦的事實，因為祂深知我們會比其他的父母親，更有愛心、耐心和毅力。孩子未必是天使，但他卻是我們生命中的一部分，即使是不正常，但只要我們能用正常的心來包容他，也許有一天他會比正常人更有非凡的表現也說不定。妳是生他的母親，為什麼要殘酷到給了他殘缺的生命後再遺棄他呢？接受他也許只是短暫的痛苦，但捨棄他，天涯海角追隨妳的卻是永遠的不安呀！」

有位出色的女性畫家，她自小得到腦細胞痲痺症，如果不是有一對意志堅定而對生命存在價值充滿信心的父母親，以這樣嚴重的殘障情況，不要說能出國修完學士、碩士的文憑而變成國際性的知名畫家；縱使給她一個自給自足謀生的機會，例如到四處兜售口香糖或彩券之類的工作，她也不一定會開心，因為她感受不到父母真正的關心與鼓勵，她將永遠生活在殘缺的陰影下，未來是模糊的灰色，而無法像這位女畫家，彩繪出亮麗的人生。

二、父母要有價值觀的榮譽感

在現代一切以功利為主的現實生活中，炫耀是顯示成就的一種榮譽表現。

每一個人都將自己鎖定在社會價值觀的被肯定上，而且旗幟鮮明地紛紛朝著目標在努力行進，不論做什麼事幹啥活，都需要有代價，而累積了代價的成果就變成了個人成就的標籤，是一種有形榮譽的加冕。

惟有對養兒育女的心路歷程而言，往往是無形勝有形，因為它是種義務，沒有回饋的代價，也因此經常會有為人父母在面對子女問題時，總喟嘆親子之間的關係彷如「債主」與「債務人」關係，是種剪不斷理還亂的無可奈何。

殊不知當父母把教育兒女當作是欠債還債的心理時，所表現出來的言行之間，就已不自覺地變成權利與義務間的拉扯與計較了。

榮譽是項被肯定的成就感受，而非自我爭取的歌功頌德，是發自內心世界的共鳴，對責任的奉獻而不計一切代價。

一位真正具有榮譽感的人，他在乎的是參與過程中付出及學習的價值，而非比賽結果後的名次。同樣地，為人父母者要以能有機會擁有兒女而感激，要以有能力陪他們走過成長路程而惜福，更要以能夠分享成果的好歹而祝福。

曾經在一次有關親職教育的座談會中，許多父母親紛紛有感而發，有的希望兒子將來能成為醫生救世濟人，有的指望女兒能攻讀法律進軍政壇，為女性爭取更多的福利等等，總之，每位母親對兒女的未來，都有一幅令人羨慕的藍圖，而在這些期盼的夢想中，或多或少都加進了個人期盼如願時的成就感。

唯有一位母親，她對子女未來的展望是，只要他（或她）是位奉公守法的人，不論他做什麼，她都將引以為榮，展現了平實中的自信。

世俗中有太多的父母是活在以子女的成就作為個人成就炫耀的工具。所謂「顯親」也是一種孝，這種必須藉由造就他人來彌補自卑的遺憾，其實印證自己是虛榮而不敢面對現實的。

不少案例中的父母，由於自己失學，所以一旦有機會，就將這分感傷或遺憾化諸平反或期待的力量，施壓在兒女的身上，因此只要兒女能順其心願，拿到足以顯耀的文憑，對他而言無疑就是最高的榮譽，根本不在乎兒女本身的感受。像強迫兒女學太多東西就是典型例子。

另外也有些父母，因自己過去在婚姻選擇的歷程中，受到阻撓或是不如己意的經驗，因此對於兒女的婚姻態度上，在一則害怕、不捨子女會重蹈其覆轍，二則是傷痕未癒記憶猶新的前提下，因此便不自覺地採取控制的操縱行為，且只要能為自己的失敗平反或爭回面子，就覺得有成就感。

雖然適度的壓力是促進成長的元素，但仍必須在合理的原則下，發自於內心的主動。否則即使短暫地發出光彩，終究禁不起時間的考驗。

光看多少作奸犯科者的經歷，不難發現他們也曾有過模範生的紀錄，也得過不少媒體的喝采，但到頭來鋃鐺入獄而悔不當初的比比皆是。

俗話說：「一枝草一點露」，也就是指「天生我材必有用」，每個人天生的質地各有差別，再加上成長環境的種種影響，最好能因材施教，否則拿自己的枷鎖套在兒女的身上，是既不夠勇敢也不智慧的行為，而且往往會破壞親子之間的關係。

社會既然是由不同的族群組成，而士、農、工、商各行各業均有其生存的空間與價值，只要兒女能以敬業的精神，在其工作崗位上發揮其潛能，並樂在其中，就是為人父母者最大的欣慰與榮耀。

俗話說「人比人氣死人」，不是角力和競爭者錯了，而是得不到期待或競爭結果所造成的自尊心與虛榮心的挫折使人難過。既然人活在世上不如意之事十有八九，如果只為了滿足自己的虛榮心，那麼再多的榮譽也未必能填滿貪婪的思緒，又何苦呢？

三、父母也要有終身學習的精神

現代父母難為已經是普遍現象，而非無病呻吟。「母子連心」似乎成了一廂情願的憧憬，而「子念母心」簡直是天方夜譚，根本是不太可能的事情。為什麼時代文明不斷在進步，而惟獨親子倫理關係反而退步了？

由於許多父母，受傳統權威式教育的影響，因此心態上仍存著「沒有老子，哪有你這小子」的絕對論，認為父母與兒女關係是主從的附屬，而非需要人權尊重的獨立個體，更不容許任何的挑戰。父母所做一切均在「為你好」的前提下，不容下對上有任何的反抗。

結果這種教養方式演變到最後，不是子女因經濟及生活上仍需要照顧與依賴而唯唯諾諾的妥協，變成了時下嘲諷的「靠爸媽族」，就是採取強烈反彈的頑抗或退縮和逃避的行為。有多少問題青少年在他們被捕入獄時，並沒有因觸犯法律受到懲戒而懺悔！因為「法律」對他們而言，正如同家裡的「戒規」一般令人厭惡和反感。其實任何的規章和戒律，一旦被蔑視淪為耍特權下淫威的統治武器時，在缺乏彼此公信度的基礎下，父母的尊嚴雖要建立但權威卻是禁不起挑戰的，因為它隨時都會崩盤。

這個道理就像百姓尊敬警察，是因為他的職責和身分代表著人民治安的保母，而不是因為害怕他手中擁有制裁的棍棒或槍械等武器，對於崇拜權威的父母而言必須要認清這點。

反之，有不少打著新潮、民主作風的父母，在誤解「民主自由是在自律前提下的相互尊重行為」，反而全盤否定傳統美德，採取一味地放任，以為只要兒女開心、能夠滿足其需求就好，再多的犧牲和奉獻也值得。於是子女搖身一變而成了家庭的主導，在父母提供其為所欲為的寵任空間裡，人性原本該被尊重，如感激、謙卑、誠實……等美德全化為烏有，取而代之的是自私的虛榮、貪婪、冷酷、虛偽……等等。

對我個人而言，如何教導子女在家生活上要有「自律」，到學校團隊則要能遵守「紀律」，而一旦出了社會更要懂得如何負「法律」的責任，是重要的指標。儘管坊間出了不少提供如何作為現代好父母的叢書，學者專家也不斷地公開演講呼籲，政府及民間社團也不遺餘力的推動，但這些都只是提供為人父母者，在「原則」與「方法」之間的參考；因為沒有一個人的身心狀況、成長經驗以及思考方式是一模一樣的，理論上即使被接受，但在方法技術層面的處理上，則很可能同一方法用在某人身上有效，換個對象就不盡然了。

許多為人父母者，雖然有學習的精神，但可惜卻沒有恆心和耐性，在「既要馬兒好，又要馬兒不吃草」的速成心態下，不是將所學習的囫圇吞棗，就是忽略了用時間換空間的重要性，一旦不能達到立竿見影的效果，不是產生對專家的不信任，就是乾脆讓自己成長的經驗來取代管教的準則。要不然就是以自己主觀的價值判斷對吸收知識「斷章取義」，加以扭曲並執著地實施不已。

其實願意買書來閱讀、聽演講及參加親子活動的父母，其學習的精神應給予正面的鼓勵，但在方法及時間上需要加強，因為在這世界上最瞭解子女的仍是父母，而如果沒有花時間去努力的話，恐怕只有前功盡棄的遺憾，而無法達到學習的目的。

我曾經看過一個小學一年級的過動兒，在學校師生排斥下，其父母仍不放棄地聘請專業特教老師來協助，經過半年的時間，這個被認為無望的孩子居然變成全班第一名的模範生。

瞭解自己是幫助學習教育兒女的關鍵，當你都不知道自己到底需要什麼時，你怎麼有能力去判斷和決定你孩子的未來？你會陷入方向太大而腳步易亂的迷惘。每個人的成長階段都是大同小異，只是內容的不同而已。因此當你面對子女，由幼兒進入少年，邁入青少年到步入成年人的過程中，如何學習能站在子女的角度去瞭解他們的需要，並調整自己的心態，一起共同學習成長，是父母一生的課題。

所謂「學無止境」，為人父母者千萬不要存著曾經走過從前，而挾一技用遍江湖的倚老賣老心態，要知地球不停地轉動，人類文明不斷的進步，而長江後浪推前浪，成長雖有階段性，但絕不可受年齡、身分的影響，否則有朝一日被淘汰時，則不能怨天尤人，倍感落寞無奈。

2. 身教永遠重於言教

如果比喻剛出生的嬰兒像寵物或像野獸，一點也不誇張。因為在沒有接受任何文明洗禮以前，以及生理結構尚不健全之下，所有的感覺反應均來自下意識的本能。

曾經有過這麼一個實驗，將兩組同年齡的六個月大嬰兒個別放在獨自的空間，當他們拉屎後，會好奇蠢動地用手去抓它，並揮動小拳亂塗胡塞，甚至放進口中舔食也不自覺。這時如果在旁觀察的成人，趕緊出面阻止並以骯髒不認同的表情來示意的話，經過一而再、再而三地重複教導，結果嬰兒慢慢地會開始學習由成人所引導而學習到，「屎」是不受歡迎且不能吃的。

從這個例子不難理解人類的成長，是由一連串的學習而來的，因此不妨讓子女盡快有學習的機會，而且最好是從生活實際的細節著手，點點滴滴細水長流般地累積。

但可惜有太多的為人父母者，忽視了「生活」與「機會」教育的重要性，只是一味被社會浮面的價值觀所左右，過分在意「形」、「聲」、「色」的追求，而忽略了教育的精神與本質。

有位朋友不斷地向我炫耀他那才念小學一年級的女兒，已經參加了多次全國性的兒童歌唱比賽，且均獨佔鰲頭，由其口沫橫飛得意的神情中，不難想像父以女榮的成就感。

於是在又一次比賽獲獎的機會，我帶著分享榮耀的心情被邀參加慶功宴，宴址是一間相當雅致且昂貴的西餐廳。

當侍者送來菜單，順便有禮貌地介紹該餐廳的歷史背景時，在座的成人還來不及回應，這位父母口中才女的小主角，卻揮著手學大人用著不屑的口氣，對著侍者一面發嗔的說道：「喂！你真囉唆吔！你們這裡的菜，我早已吃得不愛吃了，還要你來介紹啊！你到底煩不煩呀！」杏眼溜轉之下擺出一副不可一世的模樣。

儘管對這突兀的難堪有點發窘，但到底是訓練有素的侍者，以服務顧客至上的心情在嘿嘿乾笑聲中，自討沒趣地退下。而面對這種情況，其父母親除了表面上敷衍地輕斥一下：「哎呀！小孩子不要亂講話！」外，似乎也不覺得有啥嚴重性，反正花錢的是大爺，女兒消遣服務員一下也不傷大雅嘛！

藉等食物送上桌的空檔，我開始與她聊起天來，我告訴她：「聽妳爸媽說妳唱歌唱得很棒，但不曉得妳將來是不是會成為一個受人歡迎的大歌星？因為只會唱歌但不懂禮貌的人是不會受歡迎的，而有禮貌的小公主通常知道到餐廳吃東西時，當有人拿東西給她時，一定要說：謝謝！」

果然當她看到我溫婉地跟侍者道謝而輪到她時，在我善意的注視下，她困難且低聲的說了「謝謝」兩字。

以她被捧及被寵的習性而言，「冰凍三尺非一日之寒」，憑空都可以想像其平日的囂張及沒規矩的行為，絕對不是在短時間內就能馬上糾正或改變的，但生活中的機會教育仍不能放棄，既然她勉為其難地接受第一步，事情就較易有轉機，萬事總是起頭難。

生活本身就是一種教育實習的機會，沒有人能夠無師自通，完全需由體驗中或藉他人的教導或引導下去領悟再變成自己的內涵，優雅的氣質是種內斂凝聚，由裡而外慢慢地孕育成為獨特的風格及迷人的魅力，既自然、大方又得體。

因此當你羨慕別人為什麼能教育出有教養的子女時，別忘了不妨先自省，檢討自己是否可曾有耐性且方法正確地去「教導」孩子們，注重日常生活的細節而「養成」良好的習慣，使它變成生活的「態度」而再沒有比以身作則的示範更具說服力，一般父母在管教上最易犯的通病，是說教一回事，但本身執行又是另一回事。

舉例來說，為人父母均希望自己的兒女，能表現得磊落大方、有禮貌、懂規矩，當個有風度的紳士或淑女。其實這種要求或期望並不過分，但為什麼要達到預期的效果及水準卻又往往不能如願？答案很簡單，因為他們無法從自己父母的身上看到或學習到紳士淑女的風範。而父母親是子女們最先也最直接可以仿效的對象。

孩子先學到的是你的模樣

念幼稚園大班的鄰居胖兒，只要碰到不如意的狀況，馬上髒話脫口而出，在學校裡也不例外，令老師們十分訝異。追查的結果，發現原來胖兒每天上下學負責接送的是他父親，只要一遇到塞車或有人超車時，胖兒父親的直覺反應就是用國罵來咒詛對方。

如此長期的耳濡目染，造成胖兒從小學習到的是在面對問題時也是沿用父親的方式，作為情緒的宣洩，根本不知道什麼是禮讓與包容。

有多少父母親在假日帶著兒女逛街或郊遊時，若不經意被人潮撞擊時，最常見的反應如不是狠狠地瞪著對方，就是補上一句責罵，以消弭心中不滿，很少能夠主動地先說「抱歉！」或接受相撞乃是雙方彼此不經意地接觸，縱然不是情願發生但也用不著動肝火或口出惡言。

在國內如果兩車相撞，不管傷害的程度如何，雙方車主一定先下車檢驗自己的損失，然後再把指責的箭頭轉向對方，彼此在誰也不讓誰，誰也不肯吃虧的情況下，逞強爭執不下，不但理不出頭緒難以分出勝負，反而造成周遭交通的阻塞而影響了其他行人的方便。

反觀在國外，尤其歐洲先進國家，橫衝直撞的情形委實少之又少，幾乎每個駕駛人都有個共識——車是幫助完成行程的工具，來來往往的駕駛中仍以人的安全為第一。所以當不幸出了車禍時，雙方都會不自覺地為自己的疏忽感到自責內疚，在法律公正的保護下，雙方的權益均應受到尊重，因此除了把賠償的職責交給保險公司處理外，肇事雙方常會表現出君子風度跟對方致歉，並留下名片作為後續責任追究的負責態度。

這並不是崇洋，而是我們的生活表現令人汗顏，為什麼台灣的公民，往往為了佔小便宜結果反而吃了大虧而不自省？

父母其實就是兒女的一面鏡子，許多生活細節及日常的言行舉止上的差失，對一般為人父母而言似乎不認為會對子女產生任何負面的影響。事實上，人格的形成與發展，是長期歲月和環境的砌成，當然包括個人智慧與努力，每一次的機會教育都會留下一些歷史性的痕跡，因此千萬「勿以善小而不為，勿以惡小而為之」。而剝奪了兒女任何學習的機會。

記得有一次在一處風景區的旅遊中，目睹一位母親帶著兒女在歸程的沿途上，一齊做撿拾垃圾的工作，當女兒用著害羞又帶幾分疑惑的神情質問她母親，為什麼她們也是遊客，卻必須撿拾垃圾，而其他的孩子卻不必做。

只見這位母親一面撿拾垃圾，一面用溫和而帶鼓舞的口吻回答道：

「妳怎麼知道都沒有人在做呢？只是昨天做這些事的人我們沒遇上不認識罷了。再說當妳做應該做的事，是帶給自己滿足的快樂，又何必在乎別人的感覺和看法？」

像這種機會教育的環保意識教育行為，不光是靠一閃即逝的電視媒體，或官僚式的文宣就能達到力行的效果，惟有從影響下一代最鉅的父母身上做表率，才能使學習中的子女感受到其重要性及可行性。

從生活教育看國民品質

在環保的生活教育這方面，又以鄰國日本做得最徹底。好友之弟杜君趁留日返台度假期間談及，日本全國上下對環保意識的推動及生態的保護，不只從中央政府、民間企業團體、學校社團到每一家庭中的成員，幾乎已經邁入環境維護人人有責的地步。

在日本，倒垃圾的收集處幾乎聞不到臭味，為什麼？因為每一製造小垃圾的家庭都已經負起垃圾分類、過濾及焚化的分工合作事宜。

印象中當他剛到東京，在租來的房子報到的第一天，房東最慎重告訴他的一件事情，就是有關垃圾的處理方式。接下來學校也會定期教導學生如何防震及垃圾處理；而在打工的場所，老闆除了對工作內容做必要的耳提面命外，就是交代其中一名員工專程為其解說辦公室內的垃圾處理。

在日本垃圾分成「可燃性」、「非可燃性」及「大型性」等類，而一般家庭或公司行號均會將垃圾先歸類好，再處理送到垃圾收購場。

令他最感動的是每天都看到六十多歲的老房東，在家裡的隅角先把可燃性的垃圾給予燒毀，他曾好奇地問他為何多此一舉？老房東的回答是，如果每個家庭先將可燃性的垃圾，如紙張、木屑等先行燒成灰，則可減少整體垃圾的體積，有助環境的保持與改善。

此外更讓他訝異的是，日本人連對廢棄物處理也已進步到講究人性化的一面。

通常當日本人在丟棄「大型類」的垃圾，如電視、電冰箱、烤箱等電器製品時，如果該物是屬於報廢而不能使用者，原物主就會將其後面的電線插頭剪斷。

如果該物只是多餘或不再需要使用的情況下，則原物主會將其電線及插頭等纏繞綁好，甚至熱心者還會附上該物的使用說明，目的是讓一些拾荒的貧戶人家，或隻身離鄉背井的留學生以及外籍勞工可以拾回使用。

國家社會整體發展腳步的快慢以及生活品質，國民道德水準的差異，由此可見一斑。

通常我們都會用阿Q式的鄉愿，不檢討自己，而歸咎於「民族性」。其實民族性的養成來自於全民教育模式的累積，與領導者的政策導向、執行能力及時間配合等等，均有關聯，小至家庭，大至國家，都同出一轍，簡言之，什麼樣的政府塑造出什麼樣的百姓，而什麼樣的父母教養出什麼樣的子女，正應了俗話說的「龍生龍，鳳生鳳，老鼠生的兒子會打洞」。

在全民教育中最基本也最重要的一環就屬「家庭教育」，這個關係人格發展最密切的溫床，如果每一父母都能以「大公無私」的精神來啟發及訓練子女，則一旦孩子進入學校，踏出社會，匯聚了整個影響國家社會輪轉的命脈，自然就會變成新生代的氣質且紮實生根。

3. 管教原則：明確的原則，合理的堅持

我個人常想，十九世紀人類最大的成就在於船堅炮利，而廿世紀則在於科技宇宙的探索，廿一世紀的今日，應以人性為出發點，回歸自然，以擁有一個美滿的家庭為目標。

因為愈多物質的投入，相對地削減了精神的寄託，回憶兒時，電視、電腦、網路尚未發明，吃過晚飯後，不論是都市裡的閣樓還是鄉下的庭院，都是用來作為敦親睦鄰，聯絡感情的場所。

人是情感的動物，唯有在親密的交往過程中，才能增進彼此進一層的瞭解，再從瞭解中獲得共識，有了一致性的共識方能合作共創出一番天地。

以往的權威式教育，當成年人大夥兒聚在一起談古論今時，孩子通常是沒有插嘴發言的餘地，只能當「有耳無嘴」的沉默聽眾。

或許這種管教方式對現代父母而言，會覺得是壓抑兒女智慧啟發的方式，但凡事是一體

兩面的，當孩子年紀尚小時缺乏理解力，所以特別會對不解的事情產生好奇而發問。

但有時候太詳細的解說與分析未必就會滿足他們單純的思考，往往會離開主題而把原本不理解的質疑帶入另一問題的好奇。

完全封殺固然不好，但讓孩子們學習當別人交談時，要有聆聽的修養，隨意的打岔是種不尊重的行為，有問題可以等到客人走了再發問也不遲。如果怕當時不問將來會忘了問，那也就算了，既然問題嚴重性到發問者本身都不在乎給忘了，做父母的又何必為他窮緊張呢？

電視、網路、電玩：五色令人目盲？

如今社會結構及生活方式有了轉變，人與人之間的情感由於聚會空間形態的受限，個人自我意識的強調，因此彼此之間總保持一分所謂君子之交的冷淡，加上有了形形色色的電子媒體電腦，手機等科技產品後，大家也就漸漸忽略了面對面的個人或群體人際關係溝通的重要性了。

而孩子們更由「有耳無嘴」變成「有眼無嘴」，他們很少會被父母親的交談內容而吸引，反而五光十彩的娛樂內容和玩不盡的線上遊戲，以及可利用虛擬來做詐騙行為的網路已經悄悄潛入，由埋伏到赤裸裸地攝走了他們的靈魂，孩子們不需要再花時間去思考、查證及溝通，他要的一切，電子媒體都給了他，因此家不再是用「情感」來維繫，而是以「需要」來取代。難怪有不少父母感慨「家」是子女的「旅館」，而「父母」是子女的「提款機」。

一個對電子媒體、網路、遊戲入迷的子女，可能根本不在意父母從外面回來，應該起身打招呼問候，同樣地，一位沉迷或忙於交際應酬中的父母，也不會用心去關懷孩子的情緒，於是在各自「好自為之」的情況下，親子、夫妻之間的關係也就愈來愈冷漠疏離。

而有些父母親已認知到電子媒體的滲透，幾近成了破壞家庭成員親密關係的公害，於是為了提供子女能專心讀書的環境，便採取全家人犧牲不看電視的政策。

這種矯枉過正的心態倒也未必是正確的，因為人是群體的組成，除非離群索居，否則在生活的空間裡，或多或少還是受著流行步調的影響。否則會因無法融入現實生活而有失落或被排斥感。

電視、網路仍具有其傳播媒體上的功能與價值，不應完全以公害或污染來排斥，電視本身無罪，就如同性工作交易既是已存在的社會現象，惟有教育，修法並改變傳統封建思想的刻板印象來正視問題之所在，而非一味地以假道學來歧視，批判與模糊真相。

何況為了要成全家中某子女能夠專心念書起見，而必須犧牲其他成員的權利，這種陪子女念書的作風，往往也會造成子女手足之間的隔閡，且無形的壓力也會使得子女把念書視為苦差事，因為念不好使他成了家中的罪人，念得好也是因為犧牲了全家人的娛樂才換來的，縱然贏了也會覺得心虛或不開心。

再說一個從來不接觸電視、網路的孩子，在他活動空間的學校裡，是會被視為異類的，除非該校的師生均不接觸電視、網路，否則當孩子，尤其在青少年階段時，影響他情緒最多的就屬同儕，一旦被排斥在外，其人格上的發展較易被扭曲及傷害。

因此基於電視網路既是文明的產物，也是無法消失的家庭娛樂工具，但它也的確會對兒童產生某些負面的影響，所以如何限制時間，協助選擇觀看內容及參與節目內容的批評、分析，便成了父母親不能等閒視之的課題了。

管教子女在教育的理論上雖然很重要，但用什麼方法來執行則更重要，必須雙管齊下才能達到效果，在明確的大原則下，要能激發危機和意識的認同，才能結合所有成員在一致的步伐中前進。

原則和堅持缺一不可

俗話說「樹根站得穩，豈怕樹梢颳風颱」，對於家庭教育而言再貼切不過了，因為家庭教育最重要的就是札根，而負責播種、施肥和札根的農夫就是父母親。

所謂「原則」就是在事先與子女溝通過再訂定下的家規，不但可作為獎懲的準則，行為觀察的依據，也是父母建立權威的合理管道；「堅持」則是執行原則的貫徹，否則光喊口號從不付諸行動，付諸行動卻又無品管控制，則恐怕只會前功盡棄；到底羅馬不是一天造成的，成功是需要有代價的。

「家」雖然不是營業團體，但卻是有組織實體的結構，必須在健全的領導下，每一成員充分的分工合作才能發揮力量，因此在原則的堅持下，必須合理地讓子女瞭解父母管教的動機與執行的決心，惟有如此他們才能體會及瞭解所得到的訊息，不論是褒獎還是懲罰，針對的是「行為的事實」，而非個人情緒化的喜惡。

就拿限制子女看電視一例來研討：

如果當父母對子女說：「不是說好吃過晚飯只能休息看新聞而已嗎？你看看現在已經幾

點了，還不曉得回房去讀書，一點都不自愛！」

「好啦！好啦！真囉唆！」子女不情願地一面起身，一面沒好氣地嘀咕。也有可能子女會回道：「哎呀！我明天又不要考試，緊張什麼嘛！看完這個節目我就回房啦！」然後繼續看他的電視。

當然所有的父母均希望自己在管教時，子女的表現都是乖巧、溫順、服從的，但事實上這只是一廂情願的奢求，因為孩子們也有他們除了家庭以外的接觸空間。

他們的感受未必能隨時都和已成年的父母親一致，如此一來，當父母親的管教得不到預期的效果時，權威式的父母馬上會覺得尊嚴受到挑戰而生氣，不是直接指責就是藉題發揮，而採放任式的父母則認為我已說我該說的了，至於做不做則是子女的事，懶得再過問。

唯有真正落實的管教，父母會堅持原則不輕易妥協和讓步，但會用平和及理性的態度來執行。以前例而言，若採絕對權威式教育的父母，對於子女的反應，要不是拉下臉怒目以示，恐怕會沉不住氣跳到子女面前指責：「你說什麼?!我好意叫你進房念書，你居然還敢嫌我囉嗦！」

面對這種回應，識相的子女可能卅六計，「溜」為上策，也許還可以降低火藥味平息一場無謂的親子戰爭，否則後果可能不堪設想。

至於採放任式的父母，很可能對子女的反應採取沉默的接受，要不然其回應的內容也不離：「好啦！好啦！一叫你讀書你就嫌我囉唆，以後吃虧的是你又不是我，我才懶得管你呢！」

結果面對這種情緒化或無關痛癢的責備，子女往往不是逃避，就是把它當作耳邊風仍我行我素。

上小學前就要開始立規矩

以我個人的經驗，從孩子上幼稚園起，就跟他們立下了規矩，一旦正式上小學，飯前的卡通影片及兒童節目可以看，但吃過晚飯後就得開始做功課，九點半以前一定要跟父母及兄弟姊妹互道晚安上床睡覺。

隨著年齡的增長，卡通影片已經不能滿足他們的需要，但為了能專心做功課起見，我仍規定星期一到星期四的晚上，一般性的電視節目不提供，但星期五下午放學回來後，只要先把功課做完，就可以看他們想看的節目。也就是說每個星期裡面，星期五的晚上到星期日的上午，是電視自由開放的時間，而到了星期日過午後則又得開始收心溫習功課，準備迎接星期一的新挑戰，不准再看電視。

既然這是個雙方同意的約定，成效如何全看執行徹底與否。

成人往往忽視了孩子的領悟及應變能力，再乖巧的孩子仍有投機取巧的不安分心理，只要能得逞一次，在食髓知味之後，就會從成功的經驗中拿出一套彌補萬一失敗的方法來對付父母，對他們而言電視節目的誘惑實在太大了，冒些風險又何妨？所以我常開玩笑說，當父母的要能擁有道高一尺魔高一丈的智慧與能耐才行。

針對這點，我經常與外子趁開車參加晚宴時，才出家門不到十分鐘又轉回來做突擊檢查，要不然就是從外面打電話回家。

記得有一次我從外面打電話回來，結果話筒傳來家中電視的廣告聲，回來後我查問是誰擅作主張在非假日又非星期五的晚上看電視，因為這種毀約就是欺騙的行為。

孩子們雖都認錯道歉，但我告誡他們，並舉例人生很多事情不是一聲對不起就能負責的，於是我堅持處罰他們，必須為不守信而付出放棄星期六、日最喜愛的一連串影片的代價。

三個孩子對如此損失重大的處罰，表示緊張和抗議，甚至各耍花招、軟硬兼施地希望瓦解我的態度，但我仍堅持「失信」要比「無信」要不得，後者已屬無藥可救，而前者卻是明知故犯，所以一定要為這種不誠實的行為付出相當的代價，才會有所警惕。

經過一而再、再而三的如軍令般的嚴格執行，久而久之，看電視的時間變成了他們生活中的另一規律，所謂習慣成自然，時間一到也就會自動去配合與遵行。

同樣是關於電視的故事，但違規的卻發生在父母身上，記得有個星期六的晚上，丈夫夜裡起來上廁所，當他經過孩子的房間時，居然發現還有電視聲音，一看錶已經晚上十二點多了，居然還不睡覺，於是不分青紅皂白地開門進入。

孩子們正專注地看著螢幕上的「午夜驚魂」，忽然父親闖入二話不說的走到電視機前「咔」一聲，把電視給關了，並順便教訓責斥，三更半夜了還不睡覺等等。

由於丈夫在家裡一直是不苟言笑的權威代表，所以子女除了嘟著嘴表示他們的不滿外，也不敢再作任何抗爭，但可以想像其內心一定充滿了為何「只准官家放火、不許百姓點燈」的疑慮與失望。

所以當丈夫回房提及並順道數落我不該讓子女養成晚睡的習性時，我告訴他，既然規定中已經說好星期五下午到星期日上午是子女自由娛樂的時間，他們就有權利去支配和使用，不應再受到干擾或指責，除非是為了全家的團體活動必須犧牲個人的利益，但也必須在知會及尊重的情況下才合乎民主，何況「家」是提供自在的地方又非監牢。

用最短的時間說服了丈夫後，趕緊跑進孩子的房間打開電視，在孩子失而復得的歡呼聲中，重綻在臉上的笑容，似乎正寫著「正義是存在的」……

這個家規一直維持到孩子上了中學，隨著他們教育程度的提高以及步入青少年後日漸成熟的理解力而逐漸放寬，但他們自己為了維持學業上的榮譽，再加上興趣及視野的開拓，以及其他人際關係的社交活動種種，似乎看電視對他們而言只是無聊時打發時間的娛樂，已不再是生活中的重心。

也因為曾經堅持原則的執行這個家規，所以經過日月累積的結果，子女很自然地把工作和娛樂劃分得很清楚，讀書時能夠全力以赴，而休閒時也盡情放輕鬆無負擔。

學習海闊天空，不要預設框架

至於如何替孩子篩選電子娛樂節目及內容的分析與批評，我個人倒認為所謂「開卷有益」，父母只需適時地給予正確地引導即可。知識領域的範圍不應被主觀的看法拘泥一隅，接觸久了，他們自然會分辨好壞。

父母親常小看子女的智慧，他們雖然有時也會受電視節目內容影響而仿效偶像的行為舉止，甚至穿著等等，但這種情形只不過是短暫情境影響下的連鎖反應，並不會對人格方面造成太大的扭曲，到底在面對現實生活時，隨著年齡的增長會愈來愈實際。

倒是對於一些不實誇張的廣告，在兒童認知能力不能很客觀的判斷是非時，父母應該幫助孩子減少不正常觀念的形成及會產生的作用。

過分緊張或是生怕孩子不能面對五花八門的社會誘惑的心態，其實也是阻礙孩子學習成長過程中的另一盲點，也因為有這層不確定感的心理作祟，會使得在履行的互動過程中對既定的原則起猶豫，更常因為人父母者的自我矛盾，孩子反而不知所措。

人生原本就是一連串的體驗、考驗和檢驗，所謂不經一事不長一智，讓孩子在幼兒、青少年階段培育一些美德，作為他成年後接人待物的修養，其餘不同或不是生活層面的接觸就由他去自我摸索，給他一根釣魚竿，至於釣魚釣蝦就由他；因為你能拉馬到河邊，但不能硬迫馬去喝水，小心把馬惹火了，牠反踹你一腳！

以退為進，才能有效溝通

有很多父母就因為缺乏方法技術的運用，不是一成不變地死守過時的原則，就是生怕得罪了子女失去歡心而狠不下心，結果反而變成豬八戒照鏡子，裡外不是人。

另外要提醒為人父母的是，**原則的訂定需依子女年齡、智力、能力和體力而做階段性的修正，且內容要明確不要一言以蔽之**，否則會變成公說公有理，婆說婆有理的無謂爭辯，導致有理說不清的窘況，而影響了親情的發展。

記得有位女性表示她最恨的就是丈夫喜歡打牌，每到週末別人家都是全家束裝開車往郊外跑，而偏偏丈夫招朋呼友往家裡蹲，她不但忍受不了那些唏哩嘩啦的洗牌聲音，尤其更受不了為維護「賢妻」的面子，必須侍候他們。她甚至懷疑兒子為什麼會迷戀電玩，一定是受其父親上樑不正下樑歪的影響，才會不學好，所以她問我她該怎麼來對付他們父子？

不論是誰，要獲得對方合作，一定要先受到對方肯定、認同或尊重，而你若要主宰控制局面，則至少也要做到知己知彼才能取勝。

除非是沉溺地天昏地暗，完全只知賭且下注的數目足以傾家蕩產的情形下，否則與三五好友們打打衛生麻將，不需要把它當作一種不可赦的惡習，不妨用平常心把它當作是種娛樂性的消遣，就像電玩一樣，是娛樂而非賭博。

每個人的個性、興趣不一，有人喜歡接近大自然，有人喜歡刺激冒險，也有人只喜歡作白日夢，所謂海畔有逐臭之夫，鐘鼎山林各有天性，不必過分去勉強對方，更不需要拿刻板觀念的喜惡來作為自己審判的標準。

既然你在乎，你就必須多負些責任，否則至少也要想出一套對方樂意被你說服和影響的方法來，才不會老陷在自艾自怨的無奈中。相對地若能融入丈夫和子女喜愛的興趣、嗜好及活動，會是消弭彼此缺乏瞭解及無法溝通的最佳途徑，何況若能心甘情願地多陪陪他們，擁有這方面相同的語言，作為經驗交流與研討，則對身為妻子或母親在家中立法及執法的過程中，才能百戰百勝。

讓親切的媒介為親子關係搭起順暢的橋樑吧。

我好喜歡你爸爸
我也是好喜歡你媽媽
爲什麼我們都如此喜歡
彼此的爸爸和媽媽
因爲他們都不是
我們自己的爸爸跟媽媽

Edwin

4. 做個有影響力的父母親

曾經有位男士問我知不知道什麼樣的女人最具有魅力？並指點我迷津說只要到酒廊，也就是風化場所去逛一圈回來就有答案。

我果真跟隨幾位朋友，藉著請外國朋友作客後的餘興節目去觀光見習一番，發現那裡的服務小姐除了如廣告詞所說的「美女如雲」外，實在沒有什麼特殊的感受。

豈知我的朋友挖苦並開玩笑說我是由於「同性相斥」且「心理不平衡」（因為女人一向怕老，禁不起比自己更年輕的女性刺激），才會失去敏銳的觀察力。

他提供我如下幾個問答：

第一、為什麼男人特別喜愛到風月場所，即使花了大把鈔票也不心疼？原因無他，只因為在那裡他得到了最大的尊重，享受到最溫存的服務。

第二、風化場的女人在迎新接舊的人際關係中，學會了一般婦女所疏忽的「知進退」，也就是察言觀色，說該說的話，做該做的事，拿捏得宜。

第三、她們懂得買醉者的心理，知道如何去營造歡樂及美好的氣氛來滿足大家，間接地發揮了她的影響力。

當然站在以賺錢為目的的職業立場而言，以上的工作能力和態度是她們謀生的敬業條件，但一旦她們的角色換成為人妻為人母，則只要想到每天沉重地掙扎在柴米油鹽醬醋茶的攪拌中，以及永遠做不完的家事雜務時，相信她們也一樣「勞力」多於「魅力」，因為只要生活變成慣性也就失去創造力，漸漸不知不覺地輾轉於環境的屈服，而忘了充電與變化。

但是話說回來，此位仁君的意見也有他的道理，有多少婚前賢淑溫婉、嬌柔嫵媚的女性，有朝一日變成了一家之「煮」以後，整個氣勢和臉色都變了，角色也開始模糊了。

因為她被情緒帶著走，高興的時候，她溫順得像綿羊，生氣的時候也就應了成語「河東獅吼」，嚴肅的時候則成了「法官」，對你產生懷疑時她比「警察」還厲害，對你失望時她可以瞬間變成「王大媽的裹腳布」（又臭又長）地數落和嘮叨個沒完。

總之，「家」是她最大的犧牲與奉獻，但也是她捏拿在手裡玩弄的籌碼，因為她對婚姻永遠像初戀般存著不實際的幻想，而偏偏這個幻想對另一半而言會覺得是不可思議的荒唐要求。婚姻一旦不小心經營，日久則會演變成採取不合作態度來作為報復。

其實女性朋友不要太指望，結婚了就能用愛情的浪漫來改變一個男人。如果能讓他受到影響而願意做某些程度的修正就已經不錯了，因為大部分的男人在他們內心深處還是背負著傳統思想，再開明的男人仍會認為「養家」是男人的責任，而「管家」則是女人的本能。即使在現今強化兩性平權的民主社會裡，彼此心態上的認知或許已有所共識，但在實際的生活執行面上往往還是有相當的效率落差。

並不是說父親就可以推卸教養的工作，而是因為子女在成長的過程中，母親照應生活起居的機會較多，而母親的心思也較細緻，對於子女的要求也較能任勞任怨，因此母親對孩子們而言是精神的堡壘，這也是為什麼自古以來「母親」被歌功頌德的原因。

相對的，男性也不要自以為對事業、工作上的努力表現，或賺錢發財的夢想，都以全是為了回饋妻兒老小而找藉口。丈夫和父親的角色對子女的影響力是出乎想像的。曾經有位長期處在家暴中的失婚女性，追根究柢才發現在她的原生家庭中，父親與丈夫的行為簡直如出一轍，導致她在不自覺中認為被暴力相向是理所當然的事情而不斷自責。

所謂「虎父無犬子」，可見父親多半是兒女心目中的偶像與英雄。但很多丈夫卻把教育子女的重大工程完全放在妻子一人身上。也因為他自己的疏忽與卸責，促成了親子關係變得陌生。

很多成功的企業家們都幾乎錯過子女童年成長的歲月，兒子男人的形象全有賴父親的潛移默化，丈夫對妻子的親密態度最直接影響的就是兒子成長後對兩性和諧關係的處理，以及女兒在找對象時的參考指標。

當妻子揶揄丈夫在外是「動物」，回家是「植物」，上床是「礦物」時，可能男性就要深刻面對自己在妻子兒女心中的價值了。

切莫把先生也當孩子

通常結了婚為人母的女性最常犯的疏忽就是把丈夫當子女，而把子女當丈夫。所以才會出現寵兒子甚過丈夫，而罵丈夫則比兒子還狠的尷尬局面。

舉個最簡單的例子。如果丈夫跟妻子說他週末要邀幾個朋友到家裡來搓個小牌，妻子的反應通常是寒著臉沒好氣地說：「喂！拜託！我可不是你的老媽子，你老兄倒挺會享受地找人來陪你度週末，而我還要在一旁侍候茶水？你腦筋有沒有問題啊?!」

也許這樣的反應還消不了氣，她甚至還要數落一番丈夫好賭、不長進、不成材等怨言給兒女吸收才甘心。

但是如果兒子告訴她說：「媽！週末我想邀幾個同學到家裡來玩電動玩具！」這下子當母親的可樂歪了，不但不介意還挺得意的，因為兒子心中有這個家，有這個媽的存在，於是乎全家上上下下都要開始為迎接這幾個乳臭未乾的小子而忙碌。

做母親的甚至那天時間一到還刻意地到美容院去打扮一番，免得丟兒子的臉，傷兒子的心。在整個接待的過程中，那分噓寒問暖的慈祥可親的勁兒，看在丈夫眼中簡直近乎諂媚，因為她其實是想藉機去觀察及瞭解兒子交往的朋友到底是那些人。

也許做母親的萬萬沒想到，她所花費的這番苦心往往只有反效果。在兒子送走他同學後折回來，就忍不住抱怨她：「媽！拜託下次我們同學來，您最好不要老坐在我們旁邊，我們又不是幼稚園根本不缺零食，您在場我們同學都不自在，他們再也不到我們家了！」很可能還要順手「碰」地用力關上房門以示抗議。

這下子母親可被震住了，不是採取低聲下氣委婉地向兒子解釋她的無心之過，保證下次不再犯規；就是老羞成怒地指桑罵槐，認定兒子就是交了這些狐群狗黨才敢對她如此放肆，當然最後箭靶絕對不會忘了射向丈夫，責怪他平時不負起父親管教的責任，才有今天的局面發生等等。

一個無法認清自己的角色，又不知進退的人，即使有再大的魅力，仍無法發揮其有效的影響力。

青少年時期的管教至關重要

心理學家常呼籲家長、老師及社會要多注意青少年（青年期前期）的管教問題，因為除了老年期以外，人生中再也找不出第二個發展過程會像青少年期般完全受到負面的反抗，而沒有得到正面的讚賞。

因為這段時期對一位十幾歲的青少年而言，是情緒上相當不穩定且易走極端的。他們會表現前哭後笑，既自信又自卑，忽而熱情但又很冷漠，說他自私卻又在乎別人的需求等行為反應上面，因此這個時期是屬於最令父母師長頭痛的「叛逆期」。

其實如果子女認為他們仍可以或願意找父母，就像其童年時期一樣無拘無束地自由討論和溝通的話，則也許很多時下的青少年問題就可以減少很多，甚至避免發生。

但問題是他們多半不願意，因為怕自己不被瞭解，同時也怕一啟齒就會讓別人覺得他沒有處理問題的能力，而且另一方面也擔憂向人求援無疑是喪失獨立的尊嚴，因此遇到愈嚴重的問題就愈拒絕別人的幫助。

像一般青少年普遍性常犯的不良行為，如破壞公物、偷竊、打群架、逃學、說粗俗或猥褻的話、說謊……等。

在這個時候，他們最需要找到可以認同的對象，而這些被認為是「志同道合」的卻往往是跟他們年齡相仿，人格一樣不太成熟的同學或朋友。

一旦認為自己一再地被排斥且得不到同儕們的支援時，往往也會用極端的方式——自殺或霸凌來反抗。

曾經有位念國中的女學生，暗戀上她的家教，每天都在她的日記上偷偷地給這位家庭教師寫情書。

沒想到有一天被清掃房間的母親無意間發現，在家人眾目睽睽之下，母親用盡了所有可以用來羞辱她人格的字眼，並且叫她最好去死。

當母親的在氣頭上難免會口不擇言，但言者無心聽者有意，就在事發的當夜，這位國中小女生自殺了。

留給母親的遺言是：「假如愛人也有罪，我已用生命來贖罪了！」結局是遺憾再遺憾！

上述這位國中女學生所犯的錯誤是她把愛情超現實化，同時又把自己逃避進入幻夢中，也許她就是利用這分不願曝光的想像力來抵制實際生活中的升學壓力也說不定，父母親如果能適當地給予疏導就不致釀成悲劇。

由於老師和父母都以為青少年已經長得夠大，足以分辨什麼是對、什麼是錯，所以在管教方面也就以他們是居於「故意」犯錯的原則來處理及懲治。

管教是必要的，但絕不能再採用兒童期的管教方式，像兇狠的責打，毫無效果的喋喋不休以及強迫性的服從，或以歪理來栽贓等。

因為這些管教的方式不但會對青少年的性格產生種種負面的影響，而且最直接的就是會影響親子關係。

曾經有位青少年在接受輔導的過程中不滿地發牢騷說：「平時我母親管我管得像個三歲的小孩子，這樣也不行那樣也不可以。結果只要她一跟我爸爸吵架，我馬上就被要求變成一個大人，得負起聽她訴苦、安慰她的責任，甚至支持她來反對我爸爸！」

另一位青少女的心聲則表示：「我爸爸平時什麼事，只要我一插嘴就說小孩子不懂事不要多嘴，簡直把我當白痴。但當他要挖我媽的私房錢去打牌時，卻又把我當大人一般地利用，拖我下水變成共謀！」

為什麼青年男女們與家人親情的關係，隨著年齡的增長而愈來愈差呢？

這種現象必須歸咎於雙方，對父母方面而言，由於為人父母者往往不能隨著子女年齡增長而改變他們管教的能力與方式，所以仍常以幼年期的方法來對待子女。

另外當他們想或需要孩子負擔或分擔某些責任時，卻又要求孩子必須符合成人的標準。除此以外還有一種衝突，就是**父母親常慣用他們自己青少年時期的行為標準來作為管教的原則，而沒有考慮到時、空、背景等的不同**。

對子女方面而言，在整個人生發展的階段裡，幾乎以這個階段最令父母親難堪，因為他們表現在行為上的是，既無責任感又令人難以理解與相處、且易動怒，甚至令人無法忍受其不接受管教的惡劣態度。

有位母親對於學習抽菸的女兒進行規勸無效，只好採取強硬的手段，嚴格地檢查其書包及書桌等藏香菸的地方。

結果有一天女兒同學的母親打電話來告訴她，她女兒正和她的女兒關在房裡偷吸菸。

令這位母親氣結的還不只是偷吸菸的不良行為而已，最不可思議地卻是她的女兒得意且毫不羞慚地告訴她的同學及同學的母親說：

「你們知道我為什麼要抽菸嗎？因為我有個『標準牌』的母親，太令人羨慕了。所以我必須製造一個『奇異牌』的女兒惹她妒嫉！這樣才算公平交易呀！」

青少年期的確是個充滿壓力和適應不良的階段，既要脫離兒童期的幼稚，又要趕上成人期的獨立，相當為難，因此除了在於兒童期人格基礎的健全是主要因素外，父母親對子女們的關懷及耐心的教導還有諒解與信任，更是疏忽不得。

不用太刻意地去在乎這段青少年期的困擾，經過了三、四年光景，他們會自然地在心理及生理更趨成熟的情況下，發揮更大的學習能力來適應未來的人生。

5. 善用幽默感，親子好溝通

人際關係中的溝通方式無數，但其中以語言和肢體的表達最直接、最真切也最普遍，甚至最有效果。

溝通中的口氣、態度不能不注意。美國加州大學洛杉磯分校（UCLA）心理學家雅伯特·馬伯藍比（Albert Mebrabian），在他發明的說話的公式（Formule）中指出，用字遣詞（word）佔七％，聲調語調（tone of voice）佔三十八％，而肢體語言（body language）則佔了五十五％。

而在利用語言表達的技巧上常被疏忽的就是「口氣」的運用，**好的態度加上好的口氣常可以避免不必要的衝突與爭執**。

內容一樣但口氣不一樣，則感受也將不一，所以口氣能夠直接影響到情緒的反應，其重要性可想而知。

我們舉個最簡單也最常見的例子。

當一對初識的男女走進餐廳要點菜時，男生一定很有風度，用尊重禮遇的口氣問對方：「美女，請問想吃什麼？」女生也一定以很溫柔甜蜜的口氣回答說：「謝謝，都可以！」然後在一來一往的會話交談中，彼此都惟恐得罪對方、破壞氣氛，用友善且優雅的口氣作雙向的溝通。

等到這對戀人進入幾個月後的交往，再度走進餐廳點菜時，男的雖然仍有風度，但在口氣和態度上就略顯隨便了，而女的雖然也溫柔但已不如從前甜蜜。

男的通常會說：「小姐，妳想吃什麼嘛！」女的則回答說：「哎呀，隨便啦！你又不是不知道我喜歡吃什麼！」從口氣上看得出他們不需溝通，而是「照會」。

再等到這對戀人變成了老夫老妻以後，有一天走進餐廳，你會發現同樣的會話，但他們的口氣全部變了質，很可能先開口的是妻子。

她說：「喂！你要吃什麼！」一面看菜名一面注意價格，丈夫則表現得一副滿不在乎地說：「隨便啦！吃來吃去還不都是這些。」

這時候妻子可能拉下臉用不以為然的口氣回頂：「這裡不賣隨便，你到底要吃什麼嘛！

免得點了以後你又囉唆！」

「妳這女人還不是普通的囉唆，讓妳點菜妳也有話說，不讓妳點菜妳也有話講，妳到底要怎麼樣嘛！」口氣中充滿了一觸即發的火藥味，不是溝通也非照會，而是「挑釁」。

接下來整頓飯桌上的氣氛是「默默無言」，只差沒有「淚雙行」罷了。

其實以上的例子，人物、地點、會話的內容都沒有變，而是心態和口氣變了。

說話的口氣切勿隨便

說話的口氣也是一種習慣的養成，從小就應該培養與訓練，但為人父母者必須先以身作則，因為子女學習講話的口氣最先接觸到的就是他們。

當你發現你跟子女說教時，他們的回答是用近乎不耐煩的「哎呀！我知道了啦！」的口氣時，你不妨要先檢討一下是否平時在家裡，你們夫妻間的會話就是用這種口氣在溝通。

當我們基於某目的或是第一次與人見面時，總是不敢隨便的濫用口氣，因為你會在乎對方的反應和後果，但一旦熟悉了，距離拉近了，也就會不自覺地把「方便」當「隨便」。

也因為如此的心態和行為被認為是理所當然，結果就讓自己不再注意這個細節。

當我們埋怨別人的態度不好時，不要忘了「對方的態度往往是我們引導的」！俗話說「伸手不打笑臉人」，這裡的笑臉不是指咧著嘴的傻笑，它應該是代表著另一種無形但友善的口氣。

權威式口氣效果不佳

父母親最喜歡用「權威」的口氣來跟子女溝通，其實只有傳達命令才需要權威，否則溝通時最好採用會令對方感動或是為難，甚至難以拒絕的口氣來進行，效果會更佳。

例如面對不用功讀書的子女，如果你用「我做牛做馬，這麼辛苦地供你上學，結果妳還如此不識好歹的糟蹋我的錢！我看你乾脆不要念算了！免得丟人現眼的！」這種口氣的話，不但你愈說愈動氣，而且對方也未必能接受，說不定他心中也默默地反彈著：「誰稀罕嘛！不念就不念有什麼了不起！」甚至忍不住地頂撞脫口而出。

但如果你能用「唉，我這一生最遺憾的就是沒能把書念好，指望你來幫我完成心願是不公平的！但我相信你是個好孩子，多少會體諒父母的心才對。」

也許在孩子的心中也依舊犯著嘀咕：「哼！我才不想當好孩子呢！我也不是念書的料，

別指望我！」但相信至少不會受情緒影響直接激烈的反彈，或許還會因此受感動而發憤圖強也說不定。

不論對子女在溝通的過程中是動之以「情」、說之以「理」，還是誘之以「利」，均別忘了「口氣」運用之重要。

光是好的口氣還不夠，最好在溝通的詞彙中能多加些形容詞，因為形容詞所發揮的作用可以使說話的內容更生動，更吸引對方。

舉例來說，很多母親在孩子拖著疲憊身軀回到家時，進門的第一句話通常會說：「回來啦！今天學校還好吧！洗手準備吃飯，準備去上才藝班了！」

即使用再好的口氣表達，仍會讓對方覺得是一種例行公事的交代，了無生趣。就如同有位瀕臨婚姻問題邊緣的女性問我，她實在想不透為什麼她每天都定時跟丈夫噓寒問暖，結果丈夫反而嫌她煩而不領情，這情形是如出一轍的。

當一個人陷入疲憊的情緒時，除非有特別可以令其振奮或鼓舞作用的話語，否則通常會把它當作耳邊風般不在意。

所以如果能在同一句話中多加些形容詞，則效果也許會更好，例如：「哇！我可愛的寶貝回來啦！給媽媽親一下！趕快去洗手來試試媽為妳設計的新菜，別忘了六點半去上英文課，那個經常稱讚你神速進步的老師在等你哩！」

也許會覺得誇張了些，但只要無傷大雅又何妨？

幽默絕對學得來

也不知道是由於長期受封建專政的影響，還是飽受戰火蹂躪的苦難，令人失去了活在自在中的生氣，幾世紀以來華人的世界裡，不論文化與科技文明都在追求更新、更鮮的素質，唯獨缺少了幽默感成分的滋養與創意。

幽默感是種高智慧的表現，不同於輕佻浮躁的打情罵俏，又迥異於尖酸刻薄的反諷，它是用一種誇張而不離譜，風趣而不脫俗的手法來表達內心世界對人、事、物的觀察與反應，是練達下的隱喻，也是簡賅中的佳作。

幽默感常能利用間接的投射而達到直接的效果，也許不夠刺激但絕對是入味的，也許言語無法充分表達但卻足以令人會意傳神，總之幽默感是性格中不能缺乏的維他命，也是運用在人際關係中相當有利的技巧之一。

有人說幽默感是與生俱來的一種才能，不是每個人都能擁有，其實這種說法未必正確。

試看一般人抱起任何一個嬰兒或幼兒時，多半讚嘆：「哇！好可愛！」「哦！真漂亮！」「好健康喔！」諸如此類。如果有人抱起一位嬰兒或幼兒，然後讚嘆她說：「哦，你們看，這個 Baby 好幽默喔！」

我想結果是此君給自己幽了一默，因為他必須去看精神科醫生。

舉這個例子只是要說明，幽默感是可以經由後天學習、訓練和培養的，而家庭就是培養幽默感的場所，如果父母親具有幽默感，則子女在這種氣氛的薰陶下，也自然耳濡目染地將這種特質變成他性格中的一部分。

因為幽默感是種正面的導向，而非負面的用意或內涵，因此必須要有健康、樂觀和積極人生觀者才能領會到幽默感的精髓。

同時幽默感也是一種自信、自重和自愛的表現，是在不傷害對方、尊重對方又知進退的前提下，用智慧來營造快樂的氣氛、化解尷尬的場面、消除惡意的敵對。

記得孩子還小的時候，當母親的總是希望一面唱著搖籃曲或是兒歌之類的來達到催眠的目的。我也不例外，只是有個晚上當我把三個小孩哄上床，打算開口唱歌時，我兒子居然十分體貼委婉地跟我說：

「媽！您唱得好辛苦，請不要再唱了，我們自己會睡！」

我不禁好奇地問他為什麼呢？結果兒子還來不及回答，大、小女兒異口同聲地替他搭腔，回答說：「因為我們聽得也很辛苦呀！」

原來是我娛樂了自己的破嗓子而不自覺，但對別人而言卻是沉重的折磨呀！

當我轉身回房把這個既好氣又好笑的經過告訴丈夫時，他突然故意拉起被單準備蒙頭上蓋，然後用一種詭異的眼光說：「喂！妳不會是想要唱給我聽吧！」你可以想像結局我們一定是用枕頭扭打成一團，但卻充滿歡笑的情趣。

家父算是這一生中在幽默感方面對我啟迪及影響最大的，自從他遠離政、商界後，一直以隱退的形態來譜其老年生涯的曲子，過著淡泊的生活。

而四弟對人生一向充滿了戰鬥的意志，所以當他趁工作之餘返鄉探親時，發現父親的生活實在單調、無趣且近乎無意義時，他就揶揄父親說：

「爸！你要小心！不要得了一種現代病！」然後就在老家牆上的「白板」寫了「自閉症」三個字，溜出去了。

等到快近晚飯時間，四弟又折回來，剛進門，父親就叫住了他，然後語重心長地對他說：

「大頭仔（四弟乳名），我看你也是有病呀！」然後指著白板示意，四弟見後不覺大笑不止。原來他諷刺父親的「自閉症」，已經變成「自鬧症」，而父親只將「閉」字中間的「才」字擦掉填上個「市」字，整個局面就不一樣了。

事後連一向多智的四弟不得不佩服的表示「到底薑是老的辣」。

幽默即使不能化消敵意，但往往可以阻止惡化的情況，用幽默的態度處理嚴肅的問題，問題未必馬上就可迎刃而解，但最起碼不會給自己再增添不必要的麻煩。

A小姐由於業務的關係認識了一位年長的異性朋友，一直保持著平常的社交友誼關係，直到有一天對方的妻子誤會她是影響她們夫妻婚姻的第三者，才讓她吃驚地發現事態嚴重。因為她自認為問心無愧且是無中生有之事，所以當對方的妻子在電話線的那一頭極盡辱罵栽贓之事時，她最後只好以幽默的口吻回答說：

「X太太：請妳要搞清楚，妳丈夫在妳心目中是個寶，但對我而言不過是一根草，而且我還相當挑嘴只喜歡吃嫩草哩！」就把電話掛斷了。

一位真正具有幽默感的人是不會把作弄別人當作真正的樂趣，而是能夠開自己玩笑，營造快樂的氣氛讓大家共享；懂得自娛娛人者是有自信的，因此不怕當小丑，更不會在意別人把你當小丑。

如果老埋怨生活無趣，那是因為妳本身不知道如何去製造情趣，而只要扭開幽默感的栓塞，快樂之泉自然就會不斷地湧出。

請不要說妳還是不懂什麼叫做幽默感？那就真的是幽默了……。

別忘了，幽默也許不能解決問題，但至少可以柳暗花明又一村般地轉換當下的氛圍。當妳有心消遣自己而娛樂別人時，幽默就自然出現在你的言語之間，而且會像雪球般愈滾愈大且運用得愈自在和得體。

而最重要的是妳的人際關係因此而更加圓融愉快！

6. 守時守信，你遵守了嗎？

記得在我們這一代教育子女要誠實的故事，總以「華盛頓總統小時候坦承誤砍櫻桃樹」作為教材，並且津津樂道，故事傳遞出「要當偉人必須要有誠實的美德」的訊息。

誠實本身就是坦白的表現，是一種忠於事實的誠意，也是無形的信用價值，一位誠實的人他同時也具備了守信、守法與守時的美德。

但為什麼有太多的家長會埋怨他們的子女好撒謊不說實話？因為當誠實付出的代價比撒謊還要慘時，誠實的力量就會遞減。相對地，說謊後果並不如預期的嚴重時，對於說謊所造成的罪惡感也就不那麼被重視。

家長，你誠實守信嗎？

時下有不少父母對待兒女的心態，小的時候當「玩具」解憂消悶，稍大了當「工具」差遣使用，等到懂事則當作「面具」，作為夫妻間爾虞我詐或抗衡的秘密武器，是階段性也是情緒化。

姑且不管這種心態是否普遍存在，但最起碼反映出為人父母者表現出種種不誠實、不守信的行為。

舉例來說，當小孩又哭又鬧的時候，大人最善用的應付策略就是用「哄騙」來阻嚇，不是答應買糖給他吃，就是恐嚇說壞人要來抓小孩了。

如果真如願給了糖吃，則以後小孩子慣性地把哭鬧當要脅的手段，若說「給」而又「不給」，則小孩子以後再也不會相信你的承諾。

其實大家都很清楚，幼兒哭鬧只要轉移他的注意力就行，並不需要特別地拿籌碼來談判，以免養成壞習慣。不信你只要試試手中抱著正哭鬧的小孩，出其不意用誇張或大聲的音調說：「哎喲，你看你看那裡有隻大黑狗正在笑寶寶哭哩！」

結果他一定會稍微楞一下，向著黑狗的方向望過去，一旦他察覺到對面的黑狗並沒啥稀奇，為了達到原來未得逞的目的，一定又會再度哭鬧起來，但氣勢已經減弱，如果再轉移目標或以代替物誘之，則情況自然會漸進改善。

但很多父母親疏忽了這種技巧，為了耳根清淨息事寧人，於是被孩子牽著鼻子走，在路上常可以發現年輕父母不得不妥協而依子女的要求買分東西來換取安靜時，一面將巧克力糖果或東西塞到子女口中或手中，一面則懊惱地責備或嘀咕一番，可是小孩子只要目的達到了，其他的一切都不重要了。

不要輕易給妥協的承諾

另一種情形則是當子女鬧情緒時，父母往往會自動提出妥協的建議，或是因為父母的妥協而使子女暫時不再爭取。

結果父母親反倒忘了這分承諾，等子女開口索求時不是不耐煩地否認就是乾脆來個老羞成怒、乘機教訓一頓。如此一來，子女會認為大人說是一回事，做又是一回事，根本沒有信用標準，變成心目中最希望別人誠實的不老實人。

記得發生在大兒子念小學四年級的一次經驗，由於考前就已經立下考試成績得獎的標準，第一名者有50元披索（菲幣）可供自由使用。結果他果然拿了第一名，並且很開心地獲得了50元的獎金，追不及待地跑到書局花了48元9毛5買了一本他渴望已久的科幻小說。

結果被他父親教訓了一頓，認為50元應該用來買些學校課堂需要的文具，或是存起來，小小年紀不知道金錢的價值，居然出手那麼大方，買了一本沒有多大意義的書，於是把書給退了。

孩子知道我脾氣不好，怕會為了這件事跟丈夫有番爭執，為了息事寧人就悶在心裡不說，可是孩子終究是孩子，情緒總是清楚地寫在臉上而不自覺。結果還是在既不甘心又無法釋懷的情況下透露出對其父親處理獎金不當的想法。

在顧及父親尊嚴的前提下，我私下先跟兒子解釋一般華僑勤儉刻苦的精神，凡事講求經濟實惠，盡量免除不必要的浪費，所以父親才會反對他買課外書，一則怕他只買不看，二則怕影響正規的功課，也是一番好意。

但我仍堅持帶著兒子去把那本書買回來，我告訴丈夫只為50元而失去父母的信用豈不太划不來嗎？何況開卷有益，再說這50元是他可以自由運用的獎金啊。

記得丈夫當時還不痛快地揶揄我說：「哼！別太得意，保證妳寶貝兒子只翻三頁就丟在一邊了。」

我告訴他即使兒子把書買回來丟掉或送人，都與我們無關，那是他的自由，必須受到尊重。

雖然當個守信的人，常會因為「承諾就是責任」而被騙上當，但中國有句老話「吃虧就是佔便宜」，這個世界再功利再現實，姑且個人的能力不說，信用才是起家的本錢。

台灣有多少中小企業之所以能夠創造了世界性的經濟奇蹟，主要的就是靠著良好的品質，準時交貨的信用建立起來的。

從小要養成守時的好習慣

「守時」對現代人來說是代表「信用與誠意」的表現，子女們應該從小就訓練他們守時的好習慣，尤其在這個工商社會分秒必爭的時空裡，遲到不守時等於是種生命的浪費。

小時候有次跟媽到台北玩，結果在火車站的候車室裡，媽為我們各叫了一客排骨飯，大妹慢動作又捨不得先吃排骨，雖然媽一再叮嚀說：「火車是準時不等人的，快吃吧！」但大妹仍一副不經心的樣子，拖拖拉拉的扒著飯。

結果說時遲那時快，火車進站了，於是在一陣匆忙中趕上車廂，汽笛一響，大家都開心地望著窗外吱吱喳喳地聊起天，唯有大妹一直傷心難過地想著她那塊連動都沒動到的大排骨，也成了她對時間觀念的最好啟示。

時間就是用來爭取你所希望的幸福，怎麼可以輕易地糟蹋呢？

記得二十多年前剛回國被邀請演講的機會雖然不少，但由於名尚不見經傳，主辦單位常善意地商請我在開講前不妨再多等個15到30分鐘，好讓聽眾入席人數多些，免得難堪，尤其碰到「大家樂」開獎的日子更寥寥無幾。

但我仍然堅持準時演講的原則，因為一位憑本事吃飯的人是不屑做譁眾取寵的噱頭，應該要有時間可以證明實力的信心。

再說為了面子跟遲到者妥協，豈不對不起早到準時的來賓嗎？所以「守時」變成了我個人的風格之一，也因為這分堅持，許多聽眾朋友也跟著守時，彼此之間藉著這分在意執著與瞭解而更親密。

由於現在小家庭，子女生得少就特別寶貝，因此每天清早公寓房子裡，此起彼落地聽到父母親催兒女起床，吃早點或上車的叫喊，吆喝聲不斷，而且似乎也見怪不怪了。搞得孩子痛苦，父母辛苦。

為什麼呢?因為子女自小沒有培養正確的時間觀念,每個人都有惰性,都不希望有壓力,都希望能隨心所欲輕鬆愉快,所以學生最喜歡假日,因為可以好好地睡個懶覺,不必受時間的約束與控制。

早上無法自動起來的子女,往往父母親要負責任,因為他們在意子女遲到的後果,於是挑起了 **morning call** 的責任,而子女也就順理成章的有所依賴,只要有一天父母忘了叫他起床,他那天遲到的責任就賴給了父母,而且還賴得理直氣壯地發脾氣說:「都是你害的!誰叫你不早點叫我嘛!」

因此只要為人父母者給子女一個鬧鐘,一切起床的責任都將是子女與鬧鐘之間的關係,而子女遲到受罰則是他們與老師之間的關係,根本用不著杞人憂天地去替他背負責任。

如果他在意遲到受罰的窘相以及同學對他的印象,則他主動地會給自己壓力,當鬧鐘一響也就能自動起來,唯有在自己掌握中的時間才能運用恰當,否則只有手忙腳亂且找藉口怪罪別人。

當你覺得孩子好可憐,讓他多睡一會兒吧?往往就是這麼一念之差,你成了培養子女壞習慣的共謀。

有紀律的生活是磨練一個人意志力的最佳途徑。就像軍中流行的口號:「合理」的訓練是體驗，「不合理」的訓練是磨練；不要因婦人之仁而使自己和子女失去了掌握時間、分配時間及運用時間的學習機會，否則妳必須花一輩子的時間來彌補他浪費損失的時間，成本代價就太高了。

7. 別讓偏愛分化了手足之情

雖說兵不在多在於精，而生兒生女一樣好，但事實上傳統重男輕女的觀念並未完全在為人父母心中摒除，只是觀念上作較大的修正罷了。

而這種修正一則來自於現代父母兒女生得少，所以不管是男是女都是寶，另則受女權意識影響，在女性地位受重視、女性經濟又獨立的情況下，似乎可以左右了「娶了媳婦少個兒，嫁了女兒多半子」的趨勢。

但在生兒育女方面，即使是知識分子的女性，也和閉塞無知的村姑並無兩樣，其內心世界仍不免盼望頭胎能先生個男孩，可以讓夫家安心有後以便傳宗接代，至於老二生男生女才無所謂，若能男女兼備最好，否則寧可男孩比女孩多。

一般父母對於老大的孩子，不論男女總是較全心全力地付予期望和關注，因為頭胎比較沒有經驗，在緊張又興奮下，才真正開始體驗為人父母的心情，也因此相對地，在管教上比較易流於嚴格或縱容的極端表現。

曾經有過一分調查報告顯示，在團體或工作場所中，比較有表現慾、領導慾及主觀意識強烈的均屬家庭中「長男或長女」，而個性上較任性、依賴性重且情緒較不穩定的，往往是家庭中的「老么」，一般溫順而不太計較，或是故意叛逆者，有許多居然是屬於家庭的「中間分子」。

對於這種個性上特質差異是有跡可循的，因為在大多數父母的心中仍持「兄友弟恭」的觀念，而長兄姊如父母、孔融讓梨的故事仍流為佳傳。

老大獨當一面，老二韌性絕佳

在長期被認定老大就是「小大人」的過分理性要求下，無形中造成了老大必須提早學習負責任及取代父母親的領導地位，製造了個人獨當一面的表現機會。

在我們生活實例中，有許多父親要出遠門，臨行前會交代兒子說：「爸爸不在家時，你是大兒子也是唯一的男人，所以要好好地照顧媽媽和妹妹……」其實兒子才上國小。

同樣地母親若有事外出總是叮囑大女兒：「媽媽等一下若趕不回來做飯，妳就先洗米放電鍋裡，青菜洗好後等我回來再炒……」，女兒也不過十來歲。

也許身為老大者會覺得最值得懷念的時光，是當他是「獨子」時，但那些得寵的紀錄對他而言，只是父母口中的傳述，根本沒有多少真正的記憶，似乎從一有開始記憶他就必須吃虧，忍耐和多擔待。

凡事只要涉及弟妹，不管對或不對，討罵的總是他，加上要照顧年紀比自己小而事事表現又比自己差的老二、老三等，對老大而言有時是種不甘心且不平衡的心理壓力和負擔，因而把討厭的情緒直接反彈在手足之間的情感親密度上。

長男或長女同時又具有權威及包容特性，而且也最容易受父母行為直接影響，而變成不是像父親、就是像母親的影子，這種情形如果發生在被溺愛的老么或與父母相處時間較多的子女身上也會出現。

至於老二或排中間者，雖然他的出生一樣會得到父母相當的照應，但卻永遠沒有獨佔父母的機會，加上上面有個樣樣比他行而年紀總是比他大的老大存在，無形中較易產生拘謹、自卑及配合妥協的心態。反正就算在父母面前，理說得過老大，或有父母給自己撐腰，但背地裡老大加諸給自己的報復或排斥，實非長期生理及心理能負荷的，與其要做沒指望的抗爭，還不如採識時務者為俊傑的老二作風，以保和平共處。

但在老二心靈深處的情緒裡，總存著一絲有朝一日一定要贏過老大才行的暗中較勁心態，因此老二在個性上雖較不具權威，但卻最具韌性及可塑性。

至於老么，因為是家中最小，通常父親對其生活上的關照有加，但管教上則較易採取放任，給予更大的自由空間，父母親往往會認為老大管好，老二盯住，老三就不會離譜。

也因為天塌下來上面都有父母、兄姊可以頂，所以老么算是撿現成便宜的受庇蔭者，因為雖然也會有來自老大、老二等的比較壓力，但直接衝突並不那麼嚴重，加上不必負太多責任，所以老么的個性往往會較開放而隨心所欲或具放手一搏的冒險精神，雖然比較不具權威卻較樂觀開朗，但由於任性，所以常會表現出不夠成熟的孩子氣性格，而且容易流於理想化。

老么未必會像老二實際地擁有贏過老大的假想敵，而通常他會自大的希望自己打敗全世界的人，結果常陷入口出狂言、好大喜功的毛病而不自覺，一旦遭到挫折，通常最喜歡採用逃避的方式來依賴別人的同情。

管教上的性別偏見

孩子長大以後雖然為人父母均強調自己公平，但公平與否是主觀的感受，於是就易造成父母與子女之間的誤解與情緒化，變成再公平的父母仍會有偏愛的行為發生。

尤其是在「性別」方面，往往也會出現值得爭議的地方，母親往往會對女兒管教較嚴，但較偏愛兒子，父親則對兒子管教較嚴反而縱容女兒。

一般而言，父母對兒女性別上的偏愛，除了會影響到父母本身管教時的態度外，同時也會影響到子女與父母之間的親子關係，更嚴重的是會造成子女之間，手足爭寵下的心理不平衡及障礙，而影響其人格的發展及人際關係的處理能力。

記得有一次被託請參與一樁家庭親情糾結的諮商工作，案情內容如下：

有位老太太的兒子經商失敗，負債累累，眼看就要吃官司坐牢，為母者於心不忍但自己又拿不出錢來解危，萬不得已的情況下，只好求助於嫁出去的女兒，來幫其兄脫險，但卻被女兒碰了一鼻子灰，當面拒絕。

對於這種見死不救的手足之情，不禁好奇地想知其原委，於是跟對方見面以後，在動之以情，言之據理，甚至曉以倫理大義下仍不為所動，在幾度壓抑不住的激動下，她終於含淚不滿地說出心中的話：

「妳也許永遠無法體會到父母偏心，對子女所造成的傷害會有多嚴重，從小我就像是我大哥的奴婢般地被劃分了階級，注定要面對重男輕女的不平等待遇。不管我怎麼做，怎麼討好，母親心目中只有大哥才是她晚年能託付的對象，而我只是早晚要出去的賠錢貨，家裡最好的，最貴的享受都是屬於他的，而我永遠是撿他垃圾的分。

我好不容易考上大學，母親嫌私立太貴不讓我念，而大哥不學好，軍中退伍前還是母親替他償還了賭債才能平安回來。

從那時候開始，我就對母親不存任何希望，而對大哥，只要想起他那副被寵壞的傲慢以及對我幸災樂禍的神情，我心裡的恨意就油然而生，唯一的念頭就是早日脫離這個家！」

「難道這就是促使妳草率選擇結婚的原因嗎？」我問：「不錯……」她拭去淚痕，點頭地表示。

「當一個長期處在心態不平衡狀況下的人，他所做出來的行為，不管是基於逃避、排斥或報復，通常是不成熟且欠思慮的……我就是個活生生的實例。今天是我幸運，嫁了位好丈夫，否則拿自己一生的幸福來作為發洩不滿的反彈或抗議，豈不是付出太多的代價？從我離開娘家，母親就不曾再過問我的死活，而今天卻為了要救她兒子，反過來求我，豈不是太滑稽更令我傷心嗎？她到底把我當女兒還是搖錢樹呀……」

心中的怨恨像洪水沖破決堤，一發不可收拾，她為自己的不顧手足之情做了既合情又合理化的了斷與結論。

「我哥哥今日的失敗，我母親其實難逃幫兇的責任，我雖已不在乎這分親情，也不至於落井下石，但絕不可能助紂為虐，每個人都必須為他成年行為負責，即使包括父母者也不應例外。」

父母失去「公平」的原則，無形中會對子女彼此之間的情感產生分化與隔閡作用，有很多兄弟姊妹成長以後，變成老死不相往來的局面，如果追究問題的癥結，不難發現父母親沒有原則的偏心是嚴重的催化劑。

父母應當調解人，而非仲裁人

為人父母要避免不公平的情形發生，最好從子女小時候開始就要注意到自己的「態度」和「行為」，對子女所產生不同反應的處理方式是否得當。

舉例來說，手足之間難免會有不滿意對方行為的感覺時，第一個直接想傾訴的對象就是父母，這時父母最好能提供一個接納子女申訴的空間，不要馬上就阻止或教訓，不妨等事過境遷，再找機會心平氣和地跟他分析、建議或匡正，否則孩子直覺上的反應就認為父母偏心，不但不理會他的感覺，甚至還在為其他子女出面辯解。

如此一來，子女以後對手足之間的任何感覺，寧可用自己的行為來表達，也不願意再透過父母給自己和對方冷靜思考或溝通和解的機會。

如果當手足之間發生衝突而需要父母出面時，最好不要扮演裁判的角色，不論事件發生孰錯，站在任何一方說話，都會被另一方認為不公平。父母親反成了「得了姑心失嫂意」的為難角色。

遇到這種情形，最重要的是設法讓雙方冷靜下來，然後再來以「中性的第三者」身分討論衝突觀點的不同之所在，在雙方能夠縮短或拉近彼此所接受看法的差距事實後，再由父母建議或由子女共同想出最好的解決方法。

有對念幼稚園相差兩歲的姊妹，為爭一個芭比娃娃而動手打起架，結果姊姊哭了。

母親責罵妹妹為什麼出手打姊姊，妹妹理直氣壯地回道：「洋娃娃是爸爸買給我的，她憑什麼搶去玩！」這時姊姊搶著說：「是她自己答應要給我玩的嘛。」

「可是現在我要自己玩啊……」妹妹馬上接口說。

於是母親便先把洋娃娃收起來，然後告訴這對姊妹：

「妳們居然為一個洋娃娃而打架，那表示一切都是洋娃娃害的，所以都不要再玩了，除非妳們自己想一想，要怎麼樣玩法才不會再爭吵，否則我就把洋娃娃送給別人。」

有時父母對子女爭執的介入，不需要堅持給予成年人的看法作為解決之道，不妨把問題丟給當事人，往往也促使他們為了共同目標化敵為友，同時也讓他們學習如何保護自己，爭取權益，表達自己感受，以及學習解決衝突的方法。

從小手足之間就能不起衝突或打架的情形，幾乎是少之又少，同樣的，手足衝突也防不勝防，唯有父母堅持公平的原則，在方法處理上得當，這分血濃於水的手足親情才能歷久彌堅而不易變質。

獨生寶貝，更不可溺愛

在現代少子化以及重質不重量的觀念及潮流下，許多家庭成了獨生子及獨生女的天下，也許不會再有「性別」上歧視，但因為只有一個寶貝，基於安全上，父母全心全意當成生活重心的呵護所形成的溺愛，其實也就是偏頗的行為，與「偏愛」並沒有兩樣。

獨生子女由於自小就受到專一、無人分享或奪愛的特權，因此會產生較霸道的個性，且以「我是家中唯一寶貝」而恃重、自大、孤僻。

由於父母親專寵的關注及照應，使得獨生子女在日常生活的適應能力顯得較嬌嫩及幼稚，且易誤解父母是天生就得服侍他（她）的下人，所以相當情緒化。

另外獨生子女性格的特點，是較「自私」，雖說自私是人性，但程度上仍有差別，如果父母提供給子女一個只需要「受」但不必「給」的成長環境，則他所學習到的訊息將會是「只受不給」並沒有什麼不對。而且日久成性，他慢慢地變成不知如何去「給」了。

而這種個性上的盲點發生在獨生子女身上特別明顯，為什麼獨生子女一離開父母的家，就沒有安全感？為什麼獨生子女在團體或社交中較難獲得人緣及友誼？因為他們不論在何時何地，只關心自己，並不會主動去照顧或服務他人，並非他們不願意，而是在他們成長的空間裡不習慣也不認為有這個必要。

因此，當他有一天突然發現有開拓人際關係的必要時，也會不自覺地懷疑應用什麼方法來表達，一旦在心理上的適應有了障礙的話，一向順心如意的獨生子女在無法承受挫折與壓力下，往往會有找代罪羔羊，鑽牛角尖及自暴自棄的極端傾向。

未來下一代的婚姻對象中幾乎有可能都是獨生子與獨生女的結合，但若由兩個不成熟人格所建立的家庭，往往不是出現令人羨慕的琴瑟和鳴，就是一山容不下二虎的惡鬥局面，離婚率恐怕更會節節高升。

記得小時候我們家有位鄰居太太，對其獨生子的管教十分注意，完全以一般子女看待，不讓他享有任何獨子被寵愛的特權，並抱定寧缺勿濫的原則。

母親曾在閒聊中勸她好不容易才生了這麼一個寶貝兒子，何必讓自己跟孩子過不去呢？她卻回答說：「生兒育女的教導，就像農夫播種一樣，手中種子多總難免會大意些，因為有恃無恐，而我手中只有這麼一顆種子，尤其不能疏忽，必須加倍用心地培植和灌溉，否則發不了芽，也許種子品質有關，但農夫仍難逃失職的責任。」

「偏心」是有失客觀及正確判斷的絆腳石，父母代表著家中的領導者，尤其不能忽視，否則造成上樑不正下樑歪的偏頗局面時，恐怕只有望洋興嘆的分了。

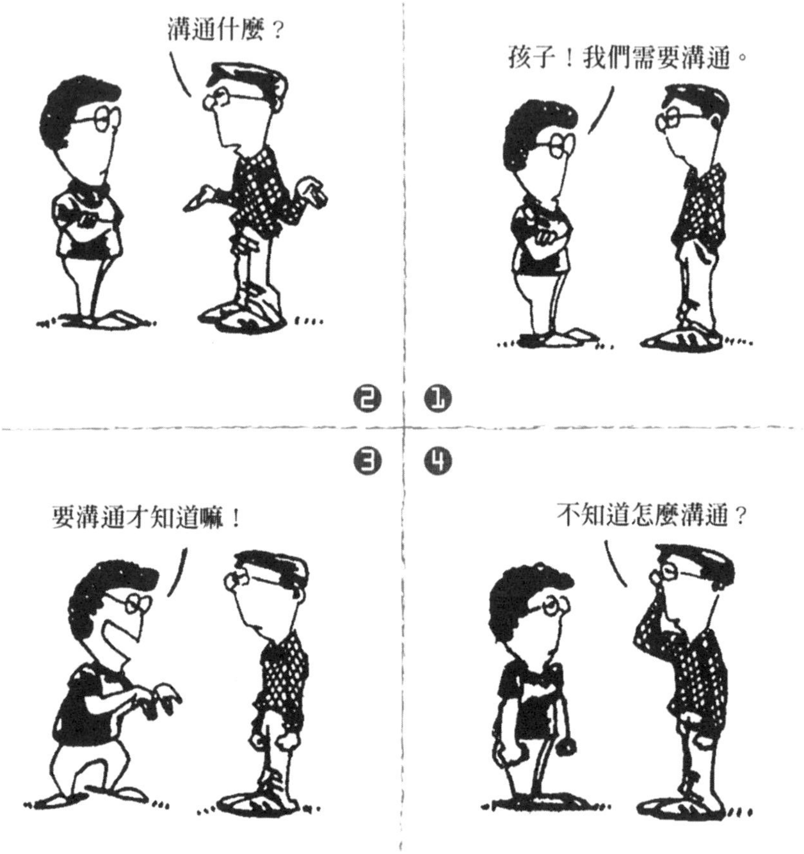
孩子！我們需要溝通。
溝通什麼？
要溝通才知道嘛！
不知道怎麼溝通？

Edwin

8. 父母做牛馬，子女享特權？

目前社會上出現一種現象，就是子女長大成人以後，就像斷了線的風箏，很少跟父母或原成長環境再有任何瓜葛，除了逢年過節偶爾以鈔票取代「禮到人不到」的應景氣氛外，要想全家老小團聚簡直比登天還難，更遑論恢復三代同堂的歷史經驗。

所以當你聽到公園裡閒聊中的老人家唏噓喟嘆著，「小學小不孝，中學中不孝，大學大不孝，而留了學根本就忘了什麼叫做孝……」的現形狀時，不用過分訝異或憤慨。

其實演變成這種局面，除了主客觀大環境的文化變遷外，父母親本身實在難脫始作俑者之嫌。

因為從子女牙牙學語開始，為人父母者就已經為他們預設了成龍成鳳的期望，雖然每對為人父母者都會辯白，對於子女的付出只是義務而不求任何回饋，但事實上在其內心世界及實際生活裡或多或少總存著對子女「主宰路線」，「幕後影響」以及「分享成就」的希望。

為了達到這種期望，就必須全力以赴地去栽培，而栽培的過程中又以讀好書拿文憑為目標，於是專心讀書變成子女的權利，而「做牛做馬」則是父母的義務。這種變質的教育心態，結果讓子女養成不必為家庭付出任何勞動的責任，只要念好書拿到好成績，一切的雜務父母均可代勞的習慣。讀書求學不過是成長中某一層面的學習罷了，用不著刻意去討好或奉承，讀書是學生的職責，但並不表示當了學生就能免役，能享有不必貢獻或付出勞動的特權。

知識分子最可貴的成就是在於能把理論的東西實踐在生活上，而非擁兵自重利用枯澀的學理空談、捏造事實，或標新立異以達危言聳聽的權威角色。

事實上每個人一生中，從出生到死亡的整個成長過程中，由幼兒、青少年、成年、壯年，到老年等不同階段的發展情形，每個階段中都可同時扮演著多面的角色，像既是人子又是人父，既為人夫又為人友。

角色的扮演與定位又經常受環境及需要的多元化而調適，因此每個人由於成長背景，個人智慧能力以及不同際遇的交錯安排，產生不同的表現，而這種表現卻又被社會價值觀所左右。

名與利既是社會大眾追求的目標，因此會賺錢跟會讀書便是完成目標的基本條件。通常會忽視了除了功名的追求以外，人生是不同層面的組合，每一層面都有其存在的價值或意義，多體驗多充實，然後再由智慧中發揮個人的潛能，有毅力地去努力，縱使到頭來只是兩袖清風，或圃農一名，也有其貢獻與價值，並不代表就是一事無成，或無顏見江東父老。

在我們的社會裡，有多少拿到博士、碩士、學士學位的所謂青年才俊，或許在他們鑽研的專門的學術領域有其值得驕傲的地方，但若論及為人處事的成熟與圓融，恐怕有時還不如三歲孩童或目不識字的老翁。

為什麼會有這種情形？**只因為大家迷信「顯親」才是孝**，而有太多愛慕虛榮的父母為了要擁有這分榮耀的成果，等到他們發現子女書讀得好，並不表示做人的道理也懂的時候，為了面子也只好啞巴吃黃連地認了，但在其內心世界裡未嘗不是糾纏在冤與怨的無奈中。

高成就的孩子，寂寞的父母

有位擁有五位博士頭銜子女的老先生，每天都固定到一家小麵攤吃消夜，麵攤的老闆對他特別禮遇，並常自嘲說他之所以如此羨慕是由於自卑感的作祟，因為別說有五位念到博士級的子女了，他自己連國中都沒念好，好生慚愧。

可是這位老先生卻搖著頭表示不以為然，他之所以會喜歡這家小店，不是因為其手藝特殊，而是因為他喜歡店主為人處事的態度。

每次看到這位年輕店主的父母由鄉下到城市來探望時，店主總是興奮地向顧客介紹，引以為榮，有時甚至為陪父母出遊而不惜休業。

小攤販所賺的就是勞力付出的蠅頭小利，幾乎很少人願意為討父母歡心而做如此犧牲，看見他一家父母、子女、孫兒們三代同堂樂融融的氣氛，不覺感慨萬千。

因為他雖擁有高知識水準的兒女，卻反而無法享受天倫之樂，每個子女都忙於事業，都把精力體力放在他們自己兒女的身上；如果父母要錢，在其能力範圍內勉強應付，如果是要人，則免談，因為他們不認為有此必要，而且不是遠在國外就是抽不出空來。

雖然不能用一竿子打翻全船，但問題是的確有太多功成名就的子女，他們自恃的驕傲其實都是在父母手足共同犧牲下得來的，只是不願意坦承罷了。

因此當絕大多數的夫妻每天為誰倒垃圾及飯後洗碗而爭執不休時，不妨停戰而把目標放在一旁當觀眾或作裁判的子女身上，既然他們是家庭中的一分子，就得為權利與義務而分擔責任，而且應從小開始。

但知易行難，很多父母為了要讓孩子能順利地考上理想的學校，不但請了家教且四處打聽那家補習班錄取率高，只要子女能夠專心讀書，根本不屑他們把時間浪費在這種看似「沒有意義」的家事上。

這種一味填鴨式的教育方法，將會嚴重地影響到子女本身潛能的開發及對自我的認同，容易使其陷入理想與現實、理論與生活相互矛盾的掙扎中而不自覺。

子女往往會為了成全父母的心願，只好犧牲自己真正的選擇，變成表裡不一或憤世嫉俗的不快樂者，要不然就是為了滿足自私的快樂，而將痛苦建築在別人身上。

真愛是相對的付出，而非索取

年輕時與老同學聚餐閒聊時，大家的話題仍不離丈夫、子女範圍並互換心得。當我告訴他們，我的子女從七、八歲開始就訓練他們做家事，像掃地、倒垃圾、抹桌椅這是屬於初級班的工作，第二階段則開始分擔洗碗盤、洗衣服、燙衣服等較有安全顧慮性的工作，第三階段則是買菜、做飯、烘焙蛋糕等繁重家事。

在座的每一位同學無不睜大眼睛表示難以置信，其中還有位同學開玩笑說她要到法院指控我虐待童工，簡直太殘忍了。她的理由是女人一旦結了婚，要下廚的機會太多了，幹嘛不趁女兒留在父母身邊時多讓她享些清福，免得萬一將來婚姻出了問題，又多幾許遺憾與不甘。

而我個人剛好持相反的看法，什麼叫做享清福？

「享受」是種精神層面的感覺，並非完全以物質得失做準則，而「清福」只要無煩惱就是福，簡言之，心情愉悅就是享福。

既然女人的一生與廚房脫不了關係，為什麼不讓她早一點學習適應的能力？由能力的培養及興趣的鼓勵中，讓她把下廚當作是種樂趣，而把烹飪變成藝術的創作！何況下廚並非結婚女人的專利，而是享受品嚐佳肴的機會，且吃的藝術並不完全在於山珍海味，而在於當時分享的氛圍，一個人或全家人聚在一起吃飯，即使手藝差強人意，但由於自己心情愉快或一團和氣，也會使味覺受到感染而變得津津有味。家是製造溫暖的地方，而廚房則是情趣的發源地之一。

多少個接受輔導的女性朋友，當他們面臨婚姻問題的挫折時，總是不斷地抱怨和計較，像：「我娘家的父母都不曾如此對待我，他以為他是誰呀……」

「當小姐時，我可是從不下廚洗個碗的，沒想到嫁過去後什麼事都做了，他們居然還不知足，挑三揀四的……」

「早知道結婚只是由情人變成傭人的話，那幹嘛要結婚！」等等。

仔細深入地去瞭解她們的原生家庭，就不難發現在其整個成長的環境背景中，不是由於她書念得好，就是父母有心栽培，所以終日只要過著與書為伍，獨善其身的孤僻生活，不必與人打交道或是在乎他人的感受。

要不然就是父母唯一的掌上明珠，在呵護、縱容的情況下，任性地支配著自己生活的形態。她們之間的共通點是從小便被誤導愛的真諦，認為只有對我好、順我意才是真愛，否則就是虛情假意或背叛；她們只知道霸道的索取，卻不能領會需要相對的付出，甚至「不計較的犧牲」，才能獲得別人的疼惜或尊敬。

時代在改變，雙薪家庭已是趨勢，而男性不能把主中饋的工作全部推給女性，家事應該分工合作彼此分擔，而非女性的專利，何況丈夫和父親的角色不能在家庭中缺席，就應先從做家事開始學習，通常阻止或妨礙兒子從小學習及參與家事分擔的，偏偏就是母親的角色。

傳統中認為「嫁出去的女兒，潑出去的水」，現代女性會覺得這是一種性別的歧視，但若站在古老封建社會的文化習俗之觀念下，不妨以同理心來詮釋，這是父母親期待女兒婚姻能美滿不必再回來依靠原生家庭的一種期待，同時也是給女兒角色轉變為妻子、媳婦或人母的一種義無反顧的心理建設，雖然有點不近人情，但意義深遠。

血緣的關係是永遠無法切割的，但面對新環境的挑戰以及新生活的適應與發展，卻不容

許因血緣親情的干擾而受阻，唯有置之死地而後生，如此才能憑自己的毅力去創造新生活，否則在後有退路作盾牌的依賴下，不但不能全力以赴扮演好新角色，反而混淆了舊角色中的保留地位。

目前在兩性平權下的教育裡，我想若真要去除性別歧視，其中生活中的民俗文化面的影響也應一併改進，像除夕的團圓飯就應改成一年在夫家、另一年在娘家，這樣對女性才公平。否則既為人女又為人媳者永遠沒機會在除夕夜與自己的父母手足圍爐迎接新年。

目前社會上愈來愈流行著「生了兒子跟著媳婦往娘家跑，生了女兒則帶回別人家的兒子往自家跑」的滑稽邏輯，想來跟父母從小灌輸給子女的教育觀念上有很大的影響。

所以我常自嘲地表示，將來女兒結了婚以後，與其丈夫的關係是另一層面的探討，但婆媳之間的關係應該不會太差才是，因為她們歷經像我如此嚴格管教的母親後，再壞的婆婆也恐怕會比母親仁慈多了，能不珍惜嗎？

條件式的教養，副作用很大

為了鼓勵孩子做他們該做的事，有許多父母怕被對方拒絕或為難的情況下，經常會變成一種條件式的交換，像：

「趕快把功課寫完，等一下媽帶你去吃冰淇淋！」

「如果你這次月考考第一名，爸爸給你一千元。」

「你只要每次倒完垃圾，就可以換零用金。」

「你比較乖不要跟妹妹爭，媽下次買個更漂亮的洋娃娃補給妳。」

這種有條件的誘導子女朝向目標前進，原本無可厚非，因為有約束行為的作用，但由於執行上的偏差會使子女產生習慣「用行為來換取條件」的方式，甚至主動地跟父母談條件，或是任何父母提出的要求都必須要有附加報酬才行，否則不是不理不睬就是漠不關心，使得親子之間的關係形成一種交易式的買賣，而非以愛作為感化。

由最近一位家長給我的來信中，所提及的問題正是這種條件式的愛所產生「利己與現實」的副作用。

她說她為了讓孩子學習幫忙做家事的機會，便從小採用這種交易式的管教方法，孩子小的時候還好，一枝棒棒糖、十塊錢就可以打發，可是隨著年齡的增長，孩子索取酬勞的胃口愈來愈大，而條件則愈來愈苛。

最令她擔憂和傷心的是，最近有一次她由於手邊零錢不夠，少給了孩子十塊錢，結果發現晚飯桌上的碗筷竟然少擺了一副，因為她和孩子之間的交易條件是擺好一人分的碗筷就可以收到來自母親十塊錢的獎勵。

可是她萬料不到，孩子不但不能體會鼓勵是為了表現更好，而居然會現實冷酷到如此斤斤計較甚至已到了絕情的地步，不知如何是好？

我給她的建議是，解鈴還需繫鈴人，光用怒罵指責或是流淚嘆息的方式均無濟於事，尤其是青少年階段，正值叛逆的年齡，言語用詞不當反而容易造成母子間更深的嫌隙與誤解，不妨以矛攻盾，用另外的條件糾正原來條件的不良行為，再假以時日並動之以情地讓孩子有所覺悟。

於是當她跟孩子提及通貨膨脹，物價激增的經濟危機時，順便告知，今後每個人的零用金裡面必須提撥一部分貼補家用。孩子們均表抗議，於是她宣佈，如果有人不滿意這種同舟共濟的行為，她也不勉強，但希望他們到外面去自己討生活。結果孩子私下來找她商量，他願意繼續免費地為家人擺碗筷，但希望母親可以不扣他的零用金。

母親的回答是沒有一個人可以享有權利卻不盡義務的特權。他也不能例外，所以只能少扣他一些但不能不扣。

這位母親照法行事後給我的謝函中，再三強調這是她有生當母親以來最成功的一次條件談判。但也讓她深深地體會到自己險些誤導了子女走向現實功利主義的極端行為。

青少年打工，不如從家事開始

每年一到暑假就是年輕子女開始尋求打工的機會，不少年輕人把半工半讀當作是投入社會前的暖身動作，有更多實際生活的經驗，又能憑勞力獲取酬勞，可說是好處多於壞處。

但由於青少年是處在情緒較不穩定、是非判斷不理智客觀，以及缺乏拒絕誘惑挑逗、意志力較薄弱的階段，很容易由單純的學校及家庭環境走進複雜而多變的社會熔爐時，禁不起對五光十色、紙醉金迷的好奇而沉迷墮落，反而忘記自己是個學生，而汲汲地想搖身一變成為被尊重的社會人士。

如此一來，不但完全抹煞了打工學習自立的精神，反而沾染唯利是圖的市儈氣。因此父母在孩子面對這種類似條件式交易的求學或打工的心態上，一開始就要給予正確的觀念及方向，否則社會到底不比家庭——還有機會重新來過；只怕在一失足之下，就造成了終生的疤痕和遺憾。

順便要提的是，很多父母親及子女均是以玩票性質來看打工這件事，加上孩子不需要分擔家計，在完全無壓力的情況下，就容易產生隨便的做事態度，缺乏敬業精神。因此「換工作」變成了保持其新鮮感的另一特質，像這種不願吃苦接受考驗的不負責行為一旦養成，等將來真正進了社會，反而成了好高騖遠不切實際的最佳寫照，否則就是沒有勇氣面對生活的競爭，善用鴕鳥的逃避方式，不斷地為自己的失敗找藉口。

所以要養成孩子負責任的態度，不妨從小就訓練他無條件但受歡迎的參與家庭的勞動生產力，又不忘記他所扮演角色的職責所在。

別忘了有多少人是「殘而不廢」，豈可縱容子女變「廢而不殘」來阻礙個人與社會的成長發展。

9. 有「禮」走遍天下，禮儀教育不可廢

什麼叫「尊重」？每個人的解釋大同小異，我個人認為「禮不可廢」就是尊重。「禮貌」是種態度，「禮節」是種儀式，均需要學習和演練，才能變成特質及文化。

尊重並不是純價值面而是感受，它帶給人的是種莊嚴、誠意、愉快、感動的共鳴，就像當你走進教堂或廟宇時，自然會被安詳、莊嚴的氛圍所感動，在教堂或廟宇裡所舉行的儀式，已成慣性的禮節，屬於祂的文化氣質，凝聚散發出一股強而有力的精神感召、貼心的滿足與信任。

國人一向不齒將甜言蜜語掛在嘴上，謂之「巧言令色鮮矣仁」！認為西方人整天把「甜心」（sweet heart）「甜蜜」（honey）當作口頭禪，是種肉麻當有趣的噁心行為。

對於日本人九十度鞠躬哈腰，又覺得過分虛偽矯情，可是說也奇怪，全世界的人偏偏就買他們這分「禮多人不怪」的帳，日本經濟的起飛和觀光事業常盛不衰，不能說與這分文化

氣息沒有關聯。

受到禮遇的尊重是促進人際關係更進一步的基石，所以有禮貌的人才懂得什麼叫做尊重，也唯有尊重別人才能相對地獲得他人的重視與禮遇。

記得小時候念國小的年代，尚無抽水馬桶現代化的衛浴設備，每過一段時期，鄉鎮公所負責單位就會派出「水肥車」做定點式挨家挨戶地去挑糞便。

由於老遠就可以聞到四溢的臭味，所以每次路過不是趕緊用跑的逃過一劫，就是皺眉掩鼻難受地擦身而過。

有一天放學回家，不巧撞見了這部人見人厭的糞便車就停在我們家附近，於是老遠地趕快把口袋裡的手絹拿出來摀住鼻子，緊鎖眉頭做衝鋒狀往家裡跑，結果差一點撞上了正遞香菸請挑糞者的父親。

當場被父親逮個正著，於是他要求我不准用手帕摀鼻，當作若無其事地再從水肥車身旁走一遭，心中雖有千萬個不願但也不敢抗命，只好憋住氣來回巡禮一趟。

父母的一番教訓至今仍讓我受用不盡，他說：

「人不臭而糞便臭，所以沒人願意與糞便為伍，而這些挑糞者正為我們做我們不屑做的工作，替我們解決難題，不但要給予鼓勵和感激，豈可鄙視之！」

他再三強調：「人生下來命不同是天生的不平等，所以才有富貴貧賤之分，但在職業上是屬於後天的平等，因為各憑本事和勞力求生存，各種行業都應有它的尊嚴在，否則士農工商如何均衡發展？」

他要求我們子女一定要以「人格尊嚴」來「待」人，而非以「職位的形態」來「量」人。

果然當我的子女小時侯，遇到垃圾車時也曾犯下我當年錯誤，而我馬上藉用父親的明訓趁機教育，看著他們慚愧的神情，讓我由衷地感慨，世間父母留給子女以身作則的典範，不只是無價之寶，也是另一種人類提升心靈文化的薪傳。

隨時隨地，禮不可廢

關於「禮不可廢」，又令我想起另一個回憶。

父親早年當民意代表時，由於當時環境不錯，加上父母為人熱忱可親，因此門庭若市，上至達官顯要下至販夫走卒川流不息。

印象中有一受了冤情的老農，既聾又盲，身著破爛衣物手執拐杖，困難地在其孫子帶領下，要求父親替他主持公道，情狀十分可憐。

當父親親自扶持他離開時，示意要母親拿些錢來接濟這位老農，母親一向仁慈不敢怠慢，馬上自口袋中掏出一把鈔票就要塞給對方。

這時祖母突然拿了個紅包袋交給母親，母親會意地將錢放在紅包袋裡再拿給老農。我不解的問祖母為什麼還要多此一舉？

祖母告訴我：「因為老農雖然貧窮可憐，但他是登門拜訪的客人而非街頭乞食，他只是來求父親為他申冤，並沒有要求接濟」，「既然是一分由衷的關懷，就必須考慮到對方的感受，要讓對方覺得受到禮遇的尊重，而不是『嗟來食』的施捨。」

雖然這些都是生活中的小細節，但卻蘊藏著對人性的體貼，可能是自小受到這種啟示的影響，目前當我經常四處受邀演講或接受個案輔導時，如果主辦單位或受輔導者直接赤裸裸地把酬勞塞給我，跟已經預先用信封裝好，甚至信封上還寫上幾句溫馨的敬語時，那種感受是截然不同的。

正如前面提過的，尊重不止是在有價層面，更在於無形感受，是發自內心誠意的傳遞或回響。

我們通常對於外賓、客人或重要的朋友，禮節上不但很少被忽視甚至還會加以誇張，但對於身邊的自家人則認為無此必要，否則生活豈不太辛苦太累了嗎？其實好的品德應是一貫性的。

當然太拘形式的繁文縟節對講求效率的工商社會而言，是種不必要的負擔，但至少日常生活上的禮節還是要注重，就以食、衣、住、行而言：

母親燒的菜未必比得上餐館料理，但再好的廚師也絕對無法像母親一樣地知道你真正的喜惡。就因為有這一點真情與愛心的差異，才會讓人感嘆，走遍大江南北，吃盡山珍海味，但最想念的仍是母親的家常菜。

白天上班的上班，上學的上學，在奮鬥打拚，辛苦努力了一天後，最渴望就是能回到溫暖的家，吃一頓開心的飯，全家團聚沐浴在充滿幸福、愉快的享受中。

但自從電視機出現以後，團聚共餐的情形被自助餐的方式取代了，飯桌變成只是放置菜肴的器皿，不再是團契精神的象徵，不管父母或子女，通常拿了碗盤裝了飯菜就各自佔據客廳沙發角落，一面扒著飯一面觀看電視節目。

有位朋友認同我說的，「用餐」是儀式，「吃相」是禮節，而氛圍則是「尊重」。由餐桌上的表現就可略知其人教養如何，所以她堅持除非特殊情況，否則晚餐全家團聚時，要遵守規矩。

其中最重要的一項是必須等父母均上座後才能動筷啓用。

由於下班時間經常會遇到交通阻塞的情況，所以孩子們為了要等父親回來才開飯的規定，在經過幾次的考驗後，終於耐不住性子跟母親提出抗議道：

「媽！為什麼總是我們等爸爸，而不是爸爸等我們？」

「爸爸不是故意要讓我們等，再說沒有爸爸辛苦的工作，那來這頓豐盛的晚餐，你說他值不值得我們等呢？」朋友告訴我，從此以後孩子如果等餓了會先找點東西填肚，但再也不作任何不滿和抗議了。

孩子生得少，父母的關注就較多，幾乎只要孩子有興趣、有胃口，父母就不遺餘力地滿足他，結果造就了不少重量級的體位，他們以量取勝，且來者不拒，這種沒有節制性的放任行為，一旦搬上公眾場所，就成了貽笑大方的話柄，且影響到父母及子女的人際關係。

在比較正式的西餐宴會裡，通常主人準備食物是依據受邀人數而定，依主從賓客就席以後，每一道菜肴再由侍者輪流端到每一位客人面前由其自行舀取。

記得有次參加一位外國朋友的正式晚宴，受邀人一共八位，主人夫婦一對，我與外子，另外一對夫婦及他們兩位子女，年齡十歲及十二歲。

一開始上菜，這對客人的子女就拒吃生菜沙拉，接下來喝湯聲音又引人側目，雖然男女主人均故意提高談話的聲音藉以掩蓋其失禮的醜相，但似乎效果不佳，因為其父母習以為常，並不覺得有啥異樣。

在陸續上菜的過程中，其中有道菜居然獲得十歲男孩的青睞，於是當侍者將菜肴端到他面前時，他目中無人般地把全盤菜肴倒在自己的盤子上。

這個突然的動作幾乎令在座的每個人目瞪口呆，但他的父母卻呵呵地笑起來，並替他打圓場，表示這道菜一定燒得很特別，所以他們的兒子才會如此地捧場。

接下來又有一道菜肴他也如法炮製，主人雖然沒有當場表示不滿，但由其僵硬的勉強笑容及不再熱絡的招呼，不難明白，這一家人已被列為不受歡迎的社交對象了。

得體的穿著是尊重的第一步

紳士與淑女的定義並不在於其身分的高低，或者穿著體面與否，而是在於本身散發出來的一種知進退的魅力，一種自然、自在又自信的磊落大方。

富裕的民生帶動了消費市場的導向，以前吃得飽穿得暖就是福氣，但現在則吃要精緻，穿要名牌，因為功利的社會總是「先敬衣冠後敬人」。

有錢或是喜歡穿好並不是罪惡，但要懂得穿著的禮貌在於得體，至於色彩的搭配，布料質地的好壞均是個人品味的自由，誰也無權過問。

但在面對著他人時，尊重的穿著至少要做到整潔乾淨，裡外有別。

許多父母，尤其是父親，一到了炎熱的夏天，在家裡經常是打著赤膊，還有只穿一件內褲走來走去的。家雖然是提供一個自在的地方，但有些時候禮不可廢，尤其父母的行為往往是子女學習模仿的對象。

有位國中三年級的女學生，假日到同學家去溫習功課，當她按了門鈴，乍見開門的是同學的父親，令她羞赧地低下頭來不敢正視，因為對方光著上身而下身只穿了一件內褲。

當這位女學生走後，女兒把同學的看法跟她的父親反映，希望父親能夠尊重別人的感受，至少避免令她難堪。但這位父親的回答卻是：「這是我家，我高興怎麼穿就怎麼穿，她看不慣就不要來，還輪得到她來教訓妳老子！」

像如此本位主義的父親，試想他的親子關係怎麼會好？而女兒在同學面前的感受，在完全沒有受到父母的重視下，漸漸地就會失去對父母的尊重，而採消極的抵制或積極的抗爭。

一次逛百貨公司時，無意間聽到一對母女的談話，原來母親為女兒選的衣服是本地製造的，而女兒則堅持要買名牌，兩人就此爭論不下。

「小孩子有得穿就好，誰規定非穿名牌不可？」母親教訓地說。

「我們班上同學每個人都買這個牌子，只有我的不是，那多丟臉呀！乾脆不要買算了。」女兒賭氣地回道。

「你們同學，妳整天就只知道跟他們比花錢，妳為什麼不比比那些會讀書考第一名的。」母親仍沒好氣地說。

「好啊！那我不要比同學，就比妳跟爸爸好了，你們還不是都穿名牌，為什麼你們大人可以我們小孩就不可以呢？」女兒也不甘示弱地繼續據理力爭，好一個「只許州官放火不許百姓點燈」的隱喻。母親聽了又氣又好笑地數落了一句，還是給她買了。

看著孩子興奮的由服務員手上接過名牌的衣服，我突生杞人憂天的感慨，像這麼小的孩子就懂得要穿名牌，到底是她對名牌有深入瞭解呢，還是因為虛榮心作祟？

曾在一個酒會中遇見一位穿著時髦，又長得相當出色的美女，不禁好奇地問其中一位男士，對方叫什麼名字，而這位男士瞄了對方一眼，低聲地告訴我，她叫「Miss 見光死」！我一時丈二金剛摸不著他所指為何？經他說明才知原來這位小姐是虛有其表而毫無內涵。

可見穿著也是種藝術，每個人都有創作的潛能，但如何把自己變成一件有內涵而被欣賞的藝術品，要比花錢堆砌成許多商標的衣架子來得有意義多了，至少是對你自己的一分尊重。

懂得自律，才懂得尊重

一個落雨的下午，剛上完課坐在玻璃屋咖啡店裡，我問一位大學生，外面的道路上，她看到了什麼？她回道：「擁擠的塞車」。我問她有幾部車，她說「來來往往數也數不清」。

其實雖然整條道路充滿了各色各樣的車輛，但事實上只有兩部車，一部往東載的是

「名」，另一部往西裝的是「利」，每位開車的人都為這兩個目標在塞車。

但是時下有多少開名車的人，卻不懂得開車的禮儀，完全存著暴發戶的心態，只要喜歡有什麼不可以？好像綠燈是他的特權，橫衝直撞一點也不管別人死活，而紅燈不過是供他參考見機行事用的，至於行人則最好見車閃開，否則出了事只能自認倒楣。

有一天過馬路，突然從巷子裡衝出一部高級的私家車，差點就被撞上，還來不及從驚嚇中清醒過來，只見車子的窗口搖下，探出一個人頭來，是個長得人模人樣的男士，他不但沒有任何歉意，還吐了一口檳榔汁，然後責備我走路為何不長眼睛。

我氣得說不出話來，雙眼直瞪著他作沉默的抗議，沒想到他還得理不饒人地衝著我說：

「看什麼看，有什麼好看的！」

我再也忍不住，冷冷地回他道：

「我在看這部車怎麼會這麼不幸，讓你這種人來蹧蹋它。」

如果不是後面的車子一再地按喇叭，我想憑我如此挖苦，他一定不會放過我的！不放過又怎樣？總要有人告訴他「人必自侮而人侮之」。

一個懂得尊重別人的人，他是自律的，唯有在自我的約束下才能給自己和別人留下彼此學習和瞭解的空間。

寧捨貴族學校

在國外時，有許多朋友不解，為什麼以我當時家境富裕的情況下，居然會不讓我孩子念私立貴族學校，而選名不見經傳的普通教會學校？這是有原因的，因為我正從其他富有父母的經驗，學到不要跟他們犯相同的錯誤。

有一次受邀到朋友家裡喝下午茶，閒聊之間剛好她念小學六年級的女兒放學回來。只見她女兒拉長臉，一副受了很大委屈生氣得不得了的神情，也不管家裡有客人，把書包就往她母親面前一丟，然後厲聲地對她吼道：

「從明天起我再也不去上學了，你們讓我丟臉丟盡了！」

朋友莫名其妙緊張地跑過去，摟著她的寶貝女兒然後問她到底爸媽是那裡做錯了。

只見她女兒一面放聲痛哭，一面難過地說：

「你們為什麼不用爸爸的賓士車來接我，而居然叫司機開公司的送貨車到學校門口等我，害得我在同學面前沒面子！」

「哎喲！我還以為是什麼了不起的事，好啦！好啦！別哭了，我以後要妳爸爸準時開車去接妳就是了！OK？」

我這朋友費了好大勁，才把她女兒哄住。

從上述這個實例中，讓我警惕到許多家長想盡辦法把孩子送到私立的貴族學校，在設備完善，師資較優的環境裡，對孩子的學習空間而言，的確有其提升品味和素質的功能，但相對地如果沒有小心地去注意和觀察，則孩子反而學會了愛慕虛榮、不切實際及好大喜功，沉浸在不良品性的染缸中而不自覺。

所以我讓孩子盡量接觸平凡，消弭階級歧視的觀念，**唯有在平凡中脫穎而出，才具備真正的實力，否則在父母的庇蔭下，只是運氣好的機會者罷了。**所謂風水輪流轉，十年河東十年河西，與其要「留萬貫家財給子孫，不如教他一技在身」的道理，想來是有其緣由的。

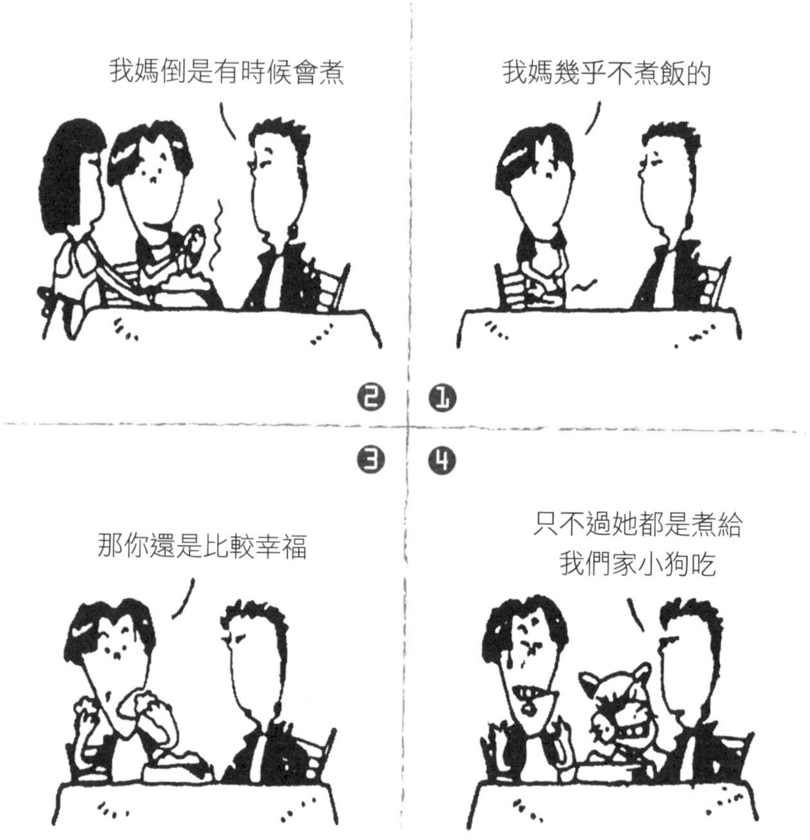
我媽幾乎不煮飯的
我媽倒是有時候會煮
那你還是比較幸福
只不過她都是煮給我們家小狗吃

Edwin

10. 知福惜福才能享福

「須知盤中飧、粒粒皆辛苦」，這句話對於農業社會老一輩的人或是落後貧窮國家而言，可能是很受用的人生哲理與座右銘。但對於時下豐衣足食的現代人而言，講求的是時效的多變化及市場消費的走向，這種迂腐的高調完全沒有迫切的真實感，根本起不了共鳴。

在我們生活當中，強調的「民以食為天」，已由簡陋的果腹充飢演變到精緻可口的食品加工，從「不吃會死」到「吃了怕死」的境界。

人類科技文明的發達，把生活品質由單調的需求，推向內容豐富的感覺享受，透過媒體宣傳的力量，直接有效地送到每一家庭，因為生意人的高明就在於懂得掌握人性的弱點而加以利用。

幾乎天下所有的父母都有一共同的特性，就是怕子女吃不飽穿不暖，因此經濟拮据的時候，為人父母者寧可自己節衣縮食甚至餓著肚皮，也要讓孩子們求得溫飽，一旦環境許可的話則更不在話下，山珍海味應有盡有，唯恐怠慢了小祖宗的興致，萬一賭氣不吃了，則直接受傷害的倒未必是兒女本身，反而是父母一顆白疼了的心。

加上主中饋者仍以女性的母親居多，而通常為人母者，雖然口口聲聲附議要以營養均衡為原則，但上市場買東西時仍以子女的口味及丈夫的喜好為準則，也因此往往容易造成家中成員有偏食的機會。

通常除了特殊體質例外，否則**具有偏食習慣的人，其個性方面也會偏向較孤僻，而且他的人際關係發展上也較不圓融和順暢**，在團體生活中，某個層面範圍內，他將被冠以「怪」或「異」類歸納。

適應環境，從不偏食訓練開始

曾經有位好朋友多年不見，藉我回國時聚餐敘舊，她帶了她念幼稚園的兒子叫小寶的一起出席，在主從客便的盛情下，我們選了一家江浙館子。

送上了菜單，我不客氣地點了幾道心愛又多年未嚐的菜肴，就在這時候，不愉快的事情發生了，原來我喜歡吃的菜，小寶均不合胃口。

我思忖，這些菜肴並不是特殊口味像鱉、鱔或田雞等，都是些家常菜，可是在小寶左一樣不要，右一樣不喜歡的僵持下，反倒喧賓奪主，以他為重了。

朋友見狀有點為難地窘困，只訕訕然地告訴我，小寶除了漢堡和薯條，其他的菜肴幾乎是不吃的，問我是否願意陪小寶換家速食餐廳。

在啼笑皆非的情況下，礙於情面勉強地吃完一頓食不知味的聚餐，臨別時我忍不住語重心長地告訴這位好友：

「如果妳只要閉眼一想，世界某個角落的非洲，每五分鐘就有近三千人死於饑荒的話，就不應該讓子女在吃的方面有太多選擇和挑剔的權利。」

世間凡物，美麗的未必實用，實用的又未必討喜，在日常生活的食物中，原本就有很多因為特殊氣息味道而被排斥的，像青椒、胡蘿蔔、蔥、蒜、韭等，但偏偏它們又具有高度營養成分。

若能認清人類的文明多半是由學習而來，那麼「吃」的口味也是種習慣的養成，且可經由嘗試而改變，例如西方的人喜喝牛奶，而東方人則喜喝豆漿或粥作為早餐的內容，但由於東西文化的交流，人文薈萃，同時提供了彼此學習嘗試的環境，就以台灣一地而言，早晨喝牛奶、吃粥、喝豆漿的並不代表特定的地域，而是多元化的選擇，因此在家庭教育的內容中，如何提供子女一個適應陌生環境的機會，就應由不偏食而樂意嘗試新口味著手。

胡蘿蔔的試驗

記得自己為了要避免孩子從小養成偏食的習慣，選擇胡蘿蔔作為試驗，為了消除其先入為主的排斥心理，便從認識雪白可愛的小兔子開始，等他們從圖片、影片到實際養兔子的迷戀過程中，再讓他們嘗試小白兔最喜歡吃的食物，當然很快他們就發現事實與幻想到底有很大的距離，他們坦承喜歡小白兔，但仍無法接受胡蘿蔔的味道，但我並不氣餒，反而著手在烹飪的內容上下功夫，從生菜沙拉、紅燒牛肉、胡蘿蔔炒蛋到烘焙胡蘿蔔蛋糕等多種變化。

而且每次都督促他們吃完為止，並且強調我是多麼地用心學習燒好有關胡蘿蔔的菜肴，目的是好讓我的三個寶貝看起來像小白兔般地可愛。

終於有一天吃晚飯時，孩子中的一位說：

「媽！妳有沒有發現我們長得愈來愈像一種動物，而那種動物是妳很熟悉的，因為妳都用牠的食物來餵我們。」

我當然明白他們指的是什麼，於是順水推舟地回道：「我把你們餵得像小白兔那麼可愛不是很好嗎？」

「是啊！像小白兔是不錯，但妳總不至於希望我們像牠像到用跳的去上學吧！」另一位小孩搶著回道。

我不禁噗哧一笑，想來是該停止訓練的時機了，新兵入伍並非要他們直接就上戰場，不過希望能體驗軍人的本色，至少三個孩子自幼稚園到現在，依舊會很坦白地告訴你，若閉著眼睛在漢堡與胡蘿蔔之間作選擇，他們絕對毫不考慮的選擇前者，但至少對後者他們也全然可以接受。

一個健康的身體是來自營養均衡及精神愉快，不偏食的人才能享受品嚐的樂趣，也惟有不偏食的人才能以惜福心去感恩所擁有的食物，在不蹧蹋不浪費的情況下來供養自己的生命。

另外不要忘了，當子女在父母的默許下養成偏食的習慣以後，對他們未來組合家庭的另一半而言，是件不公平的陷阱，雖然很少聽說離婚是由於偏食的問題，而事實上促成離婚的往往也不是什麼單一或偶發事件，通常都是生活點滴齟齬的積累，然後遠因加上近因才造成不可收拾的地步。

曾有個實例，一位拒吃海鮮的小姐，偏偏愛上了一位捕魚世家的少年郎，他原以為結了婚，在入鄉隨俗的影響下能改變妻子的偏食；豈知每天都得面對自己最討厭的食物，且整個住家環境都是充滿魚腥味，對她而言實在苦不堪言。

雖然丈夫體諒地不勉強她吃海鮮，但卻不可能為她的偏食而改行，她在這個生活空間裡變成沒有共同語言的外來者，沒有人願意原諒或包容她，而她也樂得脫離這個環境往娘家喘口氣，換換口味。

就在她過分自信下，丈夫有了外遇，當她聽見丈夫背著她跟另外一個女人談到她的內容時，她心碎了，徹底從失望中抽身而退，因為丈夫說：

「嫁雞隨雞，嫁狗隨狗，她連這種基本的道理都不懂，既然嫌我一身魚腥味，乾脆去找個賣豬肉的算了，否則我捕魚而老婆卻排斥海產，豈不是天大的笑話……。」

另外有位非素食者，但他排斥所有蔥、蒜、薑、韭等各種佐料，有一次他打算請幾位屬下到家中聯誼並進行溝通，可是非但沒有得到預期的效果，反而背後聽到屬下對他冷酷的批評，他們認為假如主管要整手下的各種方法中，也包括使之「食之無味」的話，他算是成功了，真是我不殺伯仁，伯仁卻為我而死，冤哉！

不要養出偏食的小孩

綜合孩子會嚴重造成偏食的因素之一，是他們善用父母親不忍心讓他們餓壞肚子的情況下，而漸進地達到只吃其所喜歡的食物的目的。

大兒子念小學四年級的時候，一連兩天便當都沒吃完，我問他是否身體不舒服沒胃口，他說不是，那麼到底是什麼理由？原來是食物不合他的口味。

於是我曉以大義，告訴他有多少人因為沒得吃而餓死，他既不能自己養活自己，就沒權利浪費父母提供的食物，並且警告他除非身體不適外（但必須有醫生證明），否則只能在數量上討價還價，但品質方面要照單全收，否則就不再為他準備便當。

結果他以為我只不過是說說而已，所以過了一陣子後又故態復萌。

於是我便不再為他準備午餐，他放了學回來，除了給水喝外，所有零食、點心全部禁止，起初兒子還裝出一副很有骨氣並不在乎的樣子，結果到了半夜已忍不住摸黑起來到廚房開冰箱找東西充飢。

當我突然開燈問他在幹什麼時？他驚訝中帶分難以形容的尷尬，這時候我問他是否餓了，他終於低頭承認，於是我泡了一杯熱牛奶及做了分三明治推到他面前，便轉身回房，隔天他主動跟我致歉。

事非經過不知難，從此以後相安無事，惟有從親身的體驗才能領會「老生常談」的意義，否則當你捨不得子女受到一點委屈又不趁機給予教訓的話，恐怕將來要受更多委屈的是你而非他。

尤其如果家中尚有其他子女的話，「殺雞儆猴」不失為最實際的見證，也可避免重蹈覆轍的輪迴陋習。

曾經在成長團體中有位母親問我一個有關親子的溝通問題。

原來她和兒子之間最大的爭執點，在於每天晚餐時她規定兒子要吃完她為他盛好的兩碗飯，而兒子每餐都為一碗及兩碗而討價還價，並常與之嘔氣，甚至拒吃也在所不惜。

我反問這位母親兒子有多大了？原來已經讀小學四年級了，而且在學校功課名列前茅，體育、課外活動均表現優越，只是太瘦了，她實在不放心他的健康情況。

這就是所謂的可憐天下父母心，只知道主觀地給予關愛和照顧，但卻不客觀地去瞭解對方的真正需要，試想一位十二、三歲品學兼優的小孩，既非殘障又無心理其他毛病，他應該清楚自己的身體狀況且隨時能自動做調整，他最期望的恐怕是父母親能注意到他已經脫離襁祿，而需要給他在另一成長階段中的尊重與自信，而不是一味地強迫。

所以我給這位杞人憂天的母親一些建議，希望她回去後跟孩子溝通。

一、要承認父母時常只顧用心地「供給」，卻很少用心去「體會」，才會無聊地仍停在這種關懷幼兒的行為中計較，抹煞了孩子已將邁入青少年的階段。

只要為人父母願意為自己的行為負責任，孩子不但不會因此瞧不起，反而會升起一股被尊重的自信，反過來體諒父母的苦心。

二、要告訴孩子，雖然他已經長大足以控制自己的食量，但希望他必須好好地照顧自己，不要因為過分自信而把身體搞壞，徒增父母無謂的醫藥費開銷，同時給自己肉體上帶來病痛的損失，要為自己行為負責。

三、既然孩子已經茁壯到足以照顧自己了，就沒有理由每餐還為他盛飯，所以以後盛飯的工作應由孩子自己負責，並替父母盛飯，才是個孝順的好孩子。

結果回響是，孩子果然很高興母親開了竅，並且每餐均自告奮勇為全家人盛飯。最令這位母親開心的是，自此孩子不但每餐都保持兩碗飯的紀錄，有時還超過，最重要的是在整個心態調適及方法的貫串中，她自己覺得成長了不少。

多讓孩子除了家庭或學校以外，有其他參與團體活動的機會，古人為什麼主張「易子而教」，就是希望讓外人用客觀的立場來發掘子女的優缺點，作為教學相長的參考。

但現代的父母由於子女生得少，「擋著怕死放了怕飛」，已經到了風聲鶴唳步步為營的緊張地步。

不久前曾與幾位好友決定聯袂離開台北到南部小遊幾日，因為平時不是工作壓力太大，就是家庭束縛無法輕鬆，所以難得偷得浮生半日閒，正是給自己身心放假最好的機會，也是讓子女有學習及適應獨立生活的機會。

豈知尚未離開台北車站，已經有幾位母親忍不住蠢動地打電話回家了，車到台中休息站則全部來不及上廁所小解，也得拚命地先打電話回家問狀況。一旦到了目的地，情況則更慘，已經有人開始因想家而難以下嚥，也有人因為電話那頭發現孩子趁她不在也公休時而坐立難安，總之，人在外頭但心卻惦著兒女身上。

結果在看山不是山，看水不是水的無心玩樂之下，美其名是暫時脫下家庭的包袱走出自我的空間，其實是望穿秋水歸心似箭，自己跟自己過不去。

我常嘲諷這種父母是屬於不會享福的「神經派」，因為他們把自己看得太偉大，太重要了，總覺得家庭只要少了他們一天，就會風雲遽變而後果不堪設想，如果他們願意面對真相的話，恐怕他們再也不想活了，因為孩子往往渴望這種父母能經常不在家，好讓他們自在些。

少年吃苦不算苦

有位國中的教師轉述了一個真實的故事，內容提及有一位學生的家長，在一次颱颱風的日子裡，為了擔心其子女安全問題，一直打電話到學校詢問。

可是由於很多家長也在做同樣的動作，所以電話不容易接通，於是這位家長再也忍不住地逕自跑到學校來，並且直接衝到班級教室中，抓起他孩子的手就要帶他回家，孩子被這出乎意外的唐突給怔住了，緊接下來是不合作的彆扭，結果這位家長居然在大庭廣眾下，開始數落都是由於學校及老師的錯誤，才會導致其子女的忤逆行為。

後來雖然在老師及同學多方的規勸下，這位學生勉強由趴在桌面兩手摀著耳朵的痛苦中，站起來跟家長走出教室門口，但她永遠忘不了這位學生，那種因父母讓他蒙羞的仇恨眼神，是幾乎終生無法忘懷及彌補的傷害。

其實少年吃苦不算苦，俗話不是常言，「吃得苦中苦，方為人上人」嗎？過分的呵護只會使子女像溫室中的花朵，不知人世間的疾苦，更由於茶來伸手，飯來張口享福慣了，根本不知如何去惜福。

而一個不知惜福的人永遠別指望他會為別人祈福或祝福。

教育要盡量與實際的生活結合，而不是先從表面虛偽的不切實際去說教。

舉個例子，坊間不是經常有夏令或冬令的救濟活動嗎？很多父母均藉機把家中過時破舊或廢棄的衣物紛紛捐出，美其名是響應公益活動，說穿了是把家中不需要的垃圾趁機一年一度清理一番。

而這種浮而不實的表面化動作，只能算是種「偽善」罷了，因為子女因此會認為行善就是把剩餘價值再利用，內心世界完全沒有因任何的感動而促發付出的真誠，也就是不會因惜福之念而產生祈福之行。

正如同嫌父母親買的鞋子不夠時髦花俏的孩子，當他目睹失去雙腳的孩子時，他才能感受體會出擁有鞋子的幸福，不敢再奢求鞋子的款式及數量。

因此與其停留在一種喊口號或不實的偽善行為裡，不如實際地帶孩子們到需要溫情關懷的孤兒院、老人院等地方去當義工，面對生、老、病、死的啟示。讓孩子由真實的生活空間去認識、瞭解及體會，幸與不幸的面面觀，也藉由他自動伸出的手來幫忙需要他幫助的實際經驗中，獲得知福、惜福、方能享福的道理。

11. 教出自信的小孩

「唉！人家隔壁王太太真是好福氣，出門有車，家中有傭人，先生體貼，孩子們又聽話，真是人不可貌相，看她長得土裡土氣的，居然有這種狗屎命。那像我，丈夫不像丈夫、兒子不像兒子，活生生的被折騰成黃臉婆！想當年自己還是美女一個呢！」

「小林又升官了，這次可不止一級跳，簡直是搭直升機上來的！這小子就是懂得拍馬屁、背景又好，那像咱們什麼都沒有，幹到老幹到死也只不過如此而已！」

這是丈夫渴望升官落空後的埋怨。

結果在這種耳濡目染的情況下，子女才上幼稚園可能就已經學會了如何以妒嫉和偏激的態度來羨慕別人的成就，像這種口氣每天可能都會出現：

「我們班長最噁心了，整天就會跟老師打小報告、拍馬屁！長得那麼醜，看了就討人厭！」

「我最討厭我們的新老師，每天都找我的麻煩不找其他同學的，真希望她被調到別班去！」

「我們班上有個同學她家好有錢喲！每天都帶新玩具給我們看，我好喜歡，恨不得把它搶過來！」

由上述的這些會話內容裡可以發現幾乎都是「負面」的批判，很少「正面」地給予欣賞或讚美。

一味地羨慕別人或渴望達到自己的夢想，只有使自己陷入更不快樂的泥沼，因為天下事十之八九是不如意的，唯一如意的也不是什麼特別稀罕的事。

所謂「知足常樂」指的完全是一種心態的平衡，能夠用欣賞的心情來分享別人的成就與榮耀，也能夠用體諒的心情來接受別人的失敗和挫折。

對於一個有「深度」、有「風度」、有「氣度」的人而言，他的心胸不會狹窄到把自己得不到的怨氣發洩在別人已有的事實上，更不會無聊幼稚到藉貶低別人來提升自己。

能夠誠心誠意地去欣賞一個人、一件事，或一樣作品時，無形中已經給自己多了一個學習的機會，因為當你欣賞或讚美別人的優點時，你已經「正面」地吸收到自己所欠缺的弱點，也由於你誠懇的態度令別人更樂意提供他成功的要訣供你參考。

一直強調「天生我材必有用」之用意，在提醒每個人天生的性格都有差異，再加上時也、運也、命也等由不得人的安排，只要能心安理得、問心無愧，盡自己的力量去貢獻自己的才華，人生也就沒有什麼好遺憾的。

否則由單純的羨慕到強烈的渴望，最後則不擇手段地設法取得，也許等到有一朝真的如願了，才發現原來也不過只能滿足一時感官的刺激並不代表其他的意義時，那分失望才是真正的悲哀。

一個人從小就養成羨慕別人的壞習慣，一旦長大成人後，在虛榮心的作祟下，他心中只有不斷追求「權慾」，包括人、事、物，他永遠不會滿意現狀，在他的心中永遠得不到「平靜」兩個字，所以千萬不要讓你的子女踏上這條不歸路。

羨慕別人，要有條件

記得兒子小學二年級時，考了第一名回來，我給他的獎勵是一客漢堡及冰淇淋，他以羨慕的口吻告訴我說：他們班上這次有很多人考得不好，其中有個同學平均七科至少有五科吃紅蛋，而這次他七科裡少了一科紅字，他媽媽居然就送他一部遙控汽車。

言下之意以他如此傑出的成績得到這樣的獎品未免有點太那個了。於是我站了起來走入房裡，並叫兒子跟進，我從衣櫃裡拿出一個小旅行袋往他的面前一丟。

兒子不解地問我要幹什麼？我告訴他：「你可以放幾件換洗的衣服及拖鞋一雙到袋子裡」，他仍納悶的問我是否要到哪裡去旅行？

我搖搖頭然後很正經地告訴他說：「好學生就是要把書念好，就像好媽媽把菜燒好一樣，都是應該的沒有什麼值得特別炫耀的！你考了第一名媽很高興也以你為榮，但很慚愧的我既買不起也不認為有這個必要，因此與其讓你在我這裡受委屈，不如我送你到你羨慕的那位同學家去住！不是更好嗎？」說完我就打算替他整理行李，兒子在一旁又急又氣地直跺腳不知如何是好。

但至少他已經學了一課，光羨慕別人，很可能會連自己所擁有的一併失去！

幾個月前接到一位老朋友的電話，她那位剛從美國回來的兒子突然像發神經病似的在右耳掛了個特大號的耳環，晃進晃出的，害得左右鄰居以為他是個同性戀的嬉皮。

她認為她兒子跟我比較能溝通，因此希望我去勸勸他，恭敬不如從命，結果我才踏進他房門，他就先發制人地：「嗨！妳看我這樣打扮像不像麥可．傑克森？」

「除了大耳環外，我看不像，因為你不夠黑！」我回說，他居然走火入魔當真的說：「就是嘛！所以我現在拚命想辦法把自己曬黑！」

於是只好以毒攻毒，我勸朋友去訂製一個像「巴頓將軍」一模一樣的眼罩戴上。

起先她兒子以為母親患了眼疾，後來發現並不是這麼一回事，因為他母親跟他一樣有空就照鏡子，且問他說：「兒子呀！你看我這樣像不像巴頓將軍？他一直是我崇拜的偶像，我真渴望變成他耶！」

這下她兒子再也笑不出來了，因為他母親的這副打扮準會嚇壞來找他的同學或朋友，搞不好人家還以為他有個精神病的母親，於是他極力的奉勸母親取掉眼罩，但母親的回答是：

「我並不覺得這樣有什麼不好嘛？就跟你戴耳環一樣，你可以扮演麥可．傑克森，我為什麼不能模仿巴頓將軍？」

她兒子終於認知到羨慕別人或是渴望變成別人終究需要有條件的，否則畫虎不成反類犬，得不償失。

當身為父母者下了班回到家裡，不管是吃飯、看電視或閒聊時，常忘了自己的埋怨或夫妻間的申訴中，會話的內容不外是批評公司及同仁的行為或人格。而子女在這種不懂欣賞與讚美的耳濡目染的成長學習中，所得到的將只是批評、挑剔、不屑、排斥及憤世嫉俗等氣質的薰陶，所謂三姑六婆、不學無術之類就是由此而生。

「吃不到葡萄說葡萄酸」的虛榮心以及一味羨慕他人的人，不但失去建立信心的機會，反而造成自卑及自負的溫床。

正視孩子的壓力來源

曾經有位找我輔導的母親，談到子女的「信心」問題，她認為她對子女在功課上從來不給予任何壓力，而且要求也不高，只要保持「不留級」的水平就可以，但偏偏連這麼小的目標也達不到，令她傷透了心。

當她忍不住生氣地責備時，沒想到子女的回答卻是說：「人家在學校沒有信心嘛！」

人類在心理上常是充滿著不安，焦慮……等意識，而這種害怕的心理常來自於對自己面臨環境的挑戰時，一種無法調適的信心問題，也是對壓力的一種恐懼。

很多會偽裝生病、逃學的學生，就因為他們不敢面對學校功課沒做而被處罰，或是同學之間的故意挑釁行為所帶來的難堪與傷害，因此而產生的逃避或排斥行為。

打開社會檔案，我們不難發現很多重大搶劫罪犯的個人資料背景中，有很多位曾經在國小都是一直保持前三名的優等生。

而為什麼有如此驟變呢？因為當一個人在自我追求的過程中，他常會對自己努力的行為作懷疑和修正。

也許他想試作突破性的改變，來肯定他自己在另一方面的成就，這種思想對青少年而言，採取「叛逆」的舉動，是一種對現實及現狀不滿的吶喊。於是就會表現出「個人英雄」的色彩，對墨守的校規、家規做大膽反抗的挑戰。

如果在這個時候為人父母或師長者，能夠認清事實演變的前因後果，加以適度的包容和耐性的疏導，則很多過渡期間的問題便可迎刃而解。

偏偏有太多的父母及師長，認為子女或學生的這種無理取鬧的行為是對他們尊嚴的一種蔑視，於是千方百計利用權威來處置。

高壓政策的結果是只有反彈一條路可走，因為在不斷打擊的情況下，子女對以往所認同的人、事、物會越來越沒有信心，而最後連自己也放棄的時候，他的所作所為已經沒有意義和準則了。

所以要建立一個人的信心不容易，但要摧毀一個人的信心則太簡單了，你只要不斷的打擊他就可以輕而易舉地達到目的。

這種情形不光是用在子女的教育上可行，很多夫妻間的相處之道，也都因忽視了如何給對方產生信心而造成惡性循環的後果。

舉例來說，丈夫也許在機關行號裡只是個基層人員，所以一向在妻子面前抬不起頭來，因此內心世界裡常充滿著有朝一日一定要有所作為，好令妻子對他刮目相看，重新評估一番。

於是好不容易逮到機會欲報名參加內部的升等考試，可是當他把這個消息告訴妻子時，沒想到妻子的一番話讓他冷卻了所有的鬥志、失去了努力的信心。

「唉！我看你還是省點力氣吧！既無學歷又無背景，考什麼考？考來考去還不是原地踏步，算了吧！」

「信心」是由「鼓勵」而來的，而鼓勵又分為「支持」與「讚美」。

如果沒有「適度」的讚美與「必要」的支持，信心的建立會禁不起考驗的。

當一位妻子辛苦地燒好了一桌飯菜，也許不比母親的手藝，更比不上餐廳的精緻，但如果做丈夫或子女的願意給予「哦！看起來太棒了」或是「嗯！這次比上一次燒的更入味更好吃」等讚美的話，這位妻子在家人鼓勵下，會信心十足地把進廚房當作是一件有成就的挑戰和被肯定的事，她會更樂意更積極地朝這方面去努力和求進步。

有多少每天「冷言冷語」的丈夫和子女們，也許是到了該檢討自己疏忽或吝於讚美所造成自食惡果的時機了。

但要提醒的一點是，在增加對方的信心時，固然需要讚美與支持，但讚美要「得體」，支持要「量力」而為，因為一味地讚美會令對方產生虛假的不信任，同時也容易造成對方無心的自我膨脹。

同樣地，不量力而為的支持會令對方產生過分的依賴，而把對自己的信心建立在對別人的期望中。

舉例來說，有一次念國一的女兒被班上選為代表參加全國新聞撰稿比賽，她回到家裡閒聊時告訴我這個消息，並且問我是不是能擬一張稿讓她作參考。

我告訴她，她被選上真是一件令人興奮且引以為榮的事情，但是我本身不是新聞界出身，且我不認為我撰的稿會對她有所幫助。

因此我給她建議，反正離比賽還有一星期，不妨每天讀報紙，並參考具體性的「社論」與「專欄」作為寫作的參考，文字方面要力求精簡，至於內容方面則不妨多注意與生活層面有關的東西。

結果錄取了十一名，女兒名列第九名。

當她捧著獎狀顯得有點洩氣地告訴我說：「媽，真不好意思，我沒拿到前三名！」我給她的回答是：「傻瓜！妳已經太棒了，這可是全國性的比賽呀！媽在妳這個年齡別說參加新聞撰稿，就連報紙是拿來做什麼用的都搞不清楚哩！」

雖然不太相信我的誇張，但她笑了，是一種自信受到鼓舞的喜悅。

而在整個挑戰的過程中，她並不會因為她的要求支援被拒絕而失望，因為她瞭解一個有信心的人必須靠自己的力量去突破。

每一個在成長中求進步的人都會遭遇到失敗的機會，而往往一連串的失敗就會導致失去信心的力量。

因此當你要給一位失敗者增強信心時，第一步就是要先肯定他失敗的價值，然後再給他建議或批評，否則他只會從你直接的否定中去排斥任何的關懷，無法產生信心的力量。

對一位經商失敗的丈夫，如果妳明知他真正失敗的原因，是在於他個性方面的難相處所引起的，因此妳坦率地指責他：「早就告訴你，個性要改一改，你偏不聽！現在可好了，看你還有什麼話好說的！」

結果很可能這位丈夫會把妻子的話作為失敗的癥結，開始承認自己個性上的缺點，而從此不敢東山再起，因為他對自己是否能改變個性完全沒有信心。

另外是丈夫從此對妻子只報喜不報憂，因為當他面臨失敗的痛苦時，妻子不但不能給他適度的溫暖和支持，只會對他追加痛擊，他又何必去自討沒趣呢？

愛心，耐心與信心的加持

記得從十歲就開始教大女兒烹飪，她又很懂事，所以一直信心十足地負起主中饋的責任（當我們母子必須分隔兩地的時候）。

直到今年七月回菲去探望他們兄妹三人時，我才發現原來小女兒已經滿十二歲了，似乎應該要開始學烹飪了。

由於每個人個性的差異，小女兒一向是溫吞的慢動作者，再加上廚房工作除了負責洗碗外，幾乎不太介入的，因此忽然間要加重任由她掌廚，是件困難的大工程，但礙於母令，又有姊姊的前例在，她不能不面對挑戰。

因為我瞭解她工作的能力需要更多的時間來配合，於是當她下課一回來，我就提醒她說要快點把功課做完，否則會來不及作飯的。

可是她卻充滿信心地不在意我的叮嚀，結果從五點半她開始進廚房，到了近八點左右才完成了一頓晚餐。

我同樣地對她煮出來的菜肴給予正面的肯定，但也坦白地告訴她，由於她過分的自信以致忽視了工作的困難度。由於是一家人，所以大家可以體諒她，忍耐她等地到八點做完菜才開飯，如果今天她的工作是餐廳的廚師，則這個錯誤或失敗的代價應由誰來負？

經由這個教訓，接連下來的幾天，從開菜單、配菜到下鍋，她再也不敢掉以輕心，且在家人的鼓勵下越幹越起勁。

唯有信心才能產生力量，而這種力量是無限量的！所以千萬不要讓自己在迷惘、頹喪、失望、悲傷甚至樂極生悲中失去信心，要記住！信心能夠讓人活得更像人！

同樣地在教育子女的這條漫長歲月裡，為人父母者除了愛心、耐性外一定要有信心，只有信心才能在面對挫折時產生努力做好為人父母者的力量。

讓我們大家一起為有幸為人父母者加油再加油！

12. 從血型看親子關係

謹慎的A型父母

- A型血型的父母太嘮叨
- A型血型的父母太緊張
- A型血型的父母太挑剔

如果你是「A型」的父母，那麼你將是屬於「未雨綢繆」的「緊張大師」。

你常會為了一些芝麻蒜皮大的事情而緊張得睡不著，尤其如果子女要參加學校的演講比賽或是跳舞表演的話，你從接獲消息開始就已經跟這件事脫不了身。

你會一再地叮嚀這個，交代那個的搞得孩子全身不自在，甚至後悔為什麼要讓你知道。

把子女照顧好，給他們最好的生活條件幾乎變成了你最大的責任，因此你寧可節食縮衣讓外人笑你小氣或吝嗇也無所謂，只要兒女能夠在你的庇蔭下出人頭地就行。

基本上「A型」的父母對子女的佔有欲特別強，同時也比較執著地希望子女能照他們的模式成長，雖然表面上看起來很開明，但事實上還是很喜歡利用權威來影響。

「A型」的父母由於本性善良卻多疑，所以比較會去抽檢子女的書包、信件、日記或抽屜等，一發現有不對勁的地方則沉不住氣馬上會爆發且情緒化的處理善後。

「A型」父母由於具有慈悲的特質，所以並不是屬於頑固不冥難以溝通的長輩，甚至有時會昏庸到一味地相信子女的話，因為他自認為自己不喜歡說謊，想當然耳，兒女也不應該會騙他才是，但往往適得其反。

「A型」父母由於比較木訥、保守，因此不善於表達情感，所以對於子女常有愛在心裡口難開的結，怕被取笑噁心或做作。

「A型」父母對於子女生活起居方面的照顧可以說是做到「無微不至」，通常子女小時會嫌煩，但長大成人以後會特別的感激與懷念。

「A型」的父母雖然在人際關係方面不錯，但基本上「A型」的父母比較不會採取主動的方式參加社交活動，也是靜態多於動態。

「A型」父母雖然思想開通作風仍嫌保守及古板，因此會產生希望子女能獨立，但又不放心他們受委屈吃苦頭的矛盾心理。

「A型」父母由於堅持原則另具謹慎小心的特質，所以比較拘小節，也就是說對子女的生活習性方面比較會深入瞭解與注意。因此就特別顯得會挑毛病，對於大而化之的子女而言，則是最受不了的精神壓力。

「A型」的父母是屬於比較「戀家」的，這跟他們的社交不積極及怕麻煩的本質也有關聯，「A型」父母較愛做家事。再加上「A型」父母或多或少都帶有些潔癖，因此在家的時間多，發現毛病的機會也多，犯起嘮叨鬧情緒的情況也就跟著成正比，但「A型」父母較會言出必行、以身作則。

「A型」父母還有喜歡翻老帳的毛病，因為他們的記憶力好，加上慎思周密，因此數落起來絕不含糊，而當他在發脾氣時最受不了的就是別人打岔或頂撞，認為那是對他的一種不尊重，尊嚴上受損對愛面子的「A型」而言是受不了的難堪。

「A型」的父母是最容易動情的，所以用眼淚為武器是他們的專利。

A型父母vs.其他血型子女

A型子女

「A型」的子女對於「A型」的父母，由於血型相同，彼此知道對方的個性，所以比較能體會性格上的弱點，但也由於彼此有較相似的地方，因此也容易因情緒化直接反應而造成僵局，不過由於「A型」心腸軟，且情緒過後懂得自己反省，也就能夠風平浪靜地前嫌盡棄，順從父母的心意。

B型子女

「B型」的子女對於「A型」的父母情緒化的脾氣常會有無法理解的心態，但由於「A型」父母的體貼照顧及無微不至，所以也就能以體諒來包容。對於「A型」父母的嘮叨，「B型」子女常會採取「沉默是金」來避風頭，等「A型」父母氣過了再找機會跟他們溝通，或是乾脆當作沒一回事，免得又自討苦吃，為了怕「A型」父母的擔心與嘮叨，通常「B型」子女會採取必要時告訴父母。寧可自行解決免得囉唆等後遺症。

O型子女

「O型」的子女對於「A型」父母的嘀咕和嘮叨同樣會覺得不耐煩，但由於「O型」的粗心大意常在「A型」父母謹慎及周密的照料下化險為夷，所以「O型」子女通常對「A型」父母會有一分有恃無恐的依賴感，但由於「O型」子女主觀意識強，所以比較容易與「A型」父母起正面的衝突，但「O型」子女往往礙於現實環境的需要，能夠抓住「A型」父母的弱點，以撒嬌或「三十六計走為上策」作為應變，「O型」子女往往以軟硬兼施來令父母就範。

AB型子女

「AB型」的子女對於「A型」的父母通常採取的相處方法是「保持距離以策安全」，有需要時再進一步討好或進行溝通，迂迴戰略將是「AB型」子女一貫的手法。由於「AB型」子女本身雖開朗但也具有較孤僻的一面，所以跟「A型」父母雖然不是很熱絡但卻仍相當尊重，加上懶散不喜歡做家事的「AB型」子女，最樂意「A型」父母替他代勞，因此即使「A型」父母較小心眼，小氣或囉唆，他也不太會去計較，「AB型」子女對「A型」父母也多採取「報喜不報憂」，而且通常只講重點，當「AB型」的子女拐彎抹角地做試探性的溝通時，也就是他有求於你了。

樂天的B型父母

● B型血型的父母沒原則
● B型血型的父母沒耐性
● B型血型的父母沒壓力

如果你是「B型」的父母，那麼你將是屬於「扮豬吃老虎」的高手。對於子女的事情，你關心、掛意，也會緊張或興奮，但你卻比較不會喜形於色，同時能夠讓子女感受到那分溫暖。

提供子女最好的生活環境與條件雖然也是你最大的心願，但基本上「B型」父母比較懂得給自己留些空間，也懂得技巧性地迎合子女的需要討他們的歡心。

「B型」的父母由於較理性，所以通常與子女之間的交流多以講道理的溝通方式，「B型」父母本身就不喜歡囉唆，所以也不太會對子女施壓力，任由其自我發展。但也因此容易養成子女比較懶散且不太重視禮節的習性、糊里糊塗或丟三忘四的個性，在「B型」的個性裡幾乎經常出現，但這也只限於生活上的細節，如果與其本身有利害關係或重要性的，則「B型」父母一點也不含糊。

「B型」的父母不論其是內向或是外向，一般而言，人際關係均稱圓融與隨和，且他們不會把自己的空間完全束縛在家或子女之間，多元化的觸角是「B型」的特質。

基本上「B型」父母即使在家也未必會跟孩子們膩在一起，他的隨和並不代表無意義的糾纏。

「B型」父母雖然很理性容易溝通，但問題是他們有說說就算或健忘的毛病，則有失原則性的堅持。

因此常會今天答應的事，明天因為其他因素發生而取消的情況，使得子女們失去信用的準則，但對「B型」父母而言。並不曾覺得有什麼太大的影響，因為他會認為這些都是微不足道的小事，但對子女而言卻是種不良的模範。

「B型」父母對於事情的處理都會以樂觀的態度進行，雖積極但不衝動，總認為天塌下來壓死的未必就是我第一個，但對外人而言有時則會有急驚風遇到慢郎中的無奈。

「B型」的父母對於外表的打扮比較重視，因此花費在這方面上顯得比較大方，對於吃的方面，只要營養的大原則把握住了倒也不太在意，總之「B型」父母是以「體面」為前提。

對於教育子女方面，「B型」父母雖然同樣望子成龍望女成鳳，但由於本身崇尚個人自由，不喜歡承受太多壓力，所以對於子女求學方面，只要不離譜，名次的追逐倒不那麼在意。

「B型」父母一般而言較喜歡動態的戶外生活，假日的休閒活動即使不能到戶外，逛逛百貨公司也聊勝於無，另外「B型」父母對於做家事最感頭痛，因為他們認為用腦要比動手腳有意義多了，所以只要經濟允許，是不會反對三餐在外面館子解決的。

「B型」父母對人權相當重視，所以對子女人格的發展也較能採取信任，因此偷搜子女書包等行為較少發生，即使有的話，也能沉著地見機行事，不露出痕跡來。

「B型」父母是不輕易掉淚的，除非有必要。

B型父母 vs. 其他血型子女

B型子女

「B型」的子女對「B型」的父母，在相處上會像朋友一樣，因為彼此都不希望對方干擾，在親密中保有一分距離性的尊重，「B型」子女較少主動找父母溝通。

由於「B型」彼此均有理性的特質，所以在交談過程中比較不會那麼地投機，但也不會有衝突發生。「B型」子女對於「B型」父母往往懂得以退為進來達到自己的目的，而不會以哭鬧或強硬的手段來反彈。

A型子女

「A型」的子女對於「B型」的父母而言，常是貼心的偏愛，因為在「B型」父母眼中，「A型」子女較懂事，但太過敏感，自尊心也太強是令他們傷腦筋的地方。

而對「A型」子女而言，「B型」父母算是通情達理、容易溝通的長輩，但由於「A型」子女本質上在情感方面比較執著，所以當「B型」父母對他的承諾不當一回事或常更改時，其情緒化就會直接反彈或以倔強的態度來抗議，反而令「B型」父母有啼笑皆非，小題大作的反應，久了彼此之間反而會產生不信任的疏離感。

O型子女

「O型」的子女對於「B型」父母的沒原則，也就是立場常動搖比較不會反應那麼地情緒化，只要「B型」父母給予他適當的彌補，不論是物質方面或精神方面，「O型」子女很快就能釋懷。

由於「O型」子女活動力強，主觀意識也強，因此在生活方面的依賴性也大，「O型」子女常把最好的時光給了同學，等餓了、想睡了、要零用錢了才會想家，對「O型」子女的這種通病，「B型」父母也能包容。

「O型」子女對於「B型」父母也多能配合與順從。

AB型子女

「AB型」的子女對於「B型」的父母通常採取的相處之道是「無聲勝有聲」，多半是「B型」父母說，而「AB型」子女以簡單扼要的方式回答。「B型」父母面對「AB型」子女可以說是「強中自有強中手」，因為「AB型」子女對於「B型」父母既可採取理性的合作，但也可能以情緒化來反彈，「AB型」的子女跟「B型」的父母彼此應該是屬於心照不宣，知道什麼時候發脾氣是最好且最有利自己的！

自信的O型父母

● O型血型的父母太自信

● O型血型的父母太固執

● O型血型的父母太誇張

如果你是「O型」的父母，那麼你將是屬於「天塌下來有我在」的戰鬥士。你常會因為自己童年或夢想落空，而下意識裡希望由子女來完成這個心願。所以你會鍥而不捨地想盡辦法影響子女來順從你，因此你常會被誤解為喜歡用權威來達到目的的長輩，雖然你會一再地表明你的用心良苦，但對子女而言卻認為是固執及自私的表現。

由於「O型」較重視實際的現實面，反而缺乏慎思遠慮的周密特質，所以對於子女的教育方針常會以「道聽塗說」再加上自己的主觀判斷作為根據。

一般來說「O型」的父母都滿喜歡孩子的，所以對於子女也較容易產生極端的現象，不是過分嚴厲地保護怕其受傷害，就是過分的縱容而無法去支配他。

「O型」的父母很在乎子女對他的看法，所以也常會有刻意討好子女的動作發生，甚至臣服於某一子女。

「O型」的父母表面上裝出很有威嚴的樣子，但其實只要懂得抓住他的弱點投其所好，則他雖固執但並不難妥協。

一般來說「O型」的父母並不會太囉唆嘮叨，往往是出於其主觀意識的作祟，目的是要說服對方罷了，而且只針對一件事，並非整體的生活面。

「O型」的父母佔有慾相當強，雖然他們有很熱絡的人際關係及活動空間，但當他們回到家時，仍然希望子女回以熱烈的反應，否則他的情緒也會受影響。

「O型」父母另一特質是對自己太過自信，認為自己對子女很瞭解，所以常會不考慮到子女的想法就替他自作主張，諸如安排參加夏令營或買衣服等。

「O型」的父母對於提供物質方面的生活給子女，當然也是不遺餘力，但往往疏忽了一些生活細節上的管教，因此十個過胖的孩子至少有一半是出於「O型」父母的傑作。

加上「O型」父母的不拘小節且不善於禮數的講究，因此子女們常以「大剌剌」的姿態出現在客人面前，對他們而言也不算太了不起的失禮。

「O型」父母對子女的管教雖然也能以身作則，但常只有保持五分鐘的熱度，因此效果不如預期。

「O型」父母常會有興致所至馬上行動的特質，且「O型」父母活動力特強，所以無形中子女也跟著學習及認識了不少新朋友及新知識。

「O型」父母雖然顧家但同時也熱心公益，所以子女每天都可以從「O型」父母的口中得到街坊鄰居的消息，至於準確性則有待考證。

「O型」父母是不怕為家辛苦吃苦頭，所以對於家事並不排斥但卻不是真正感興趣，「O型」父母最感興趣的，大概就是跟他的親朋炫耀子女的成就吧！

另外一點就是「O型」父母比較有重男輕女的傾向。

O型父母vs.其他血型子女

O型子女

「O型」子女對於「O型」父母是吃定對方，通常「O型」子女了解要說服「O型」父母最佳的方法是採取誇張，放低姿態，必要的時候以離家出走或威脅要自殺等行為來抵制，則「O型」父母常會因同情弱者來支援他。

「O型」的父母雖然耳根軟、喜歡聽好話，但太過分時也會引起他的懷疑或麻木，所以最好是軟硬兼施。

A型子女

「A型」子女對於「O型」父母的主觀和固執常會以不可理喻來形容。「A型」子女對於「O型」父母有時過分誇張性的會話內容，會認為是種近乎撒謊的行為而加以阻止或揭穿，而這點卻又是「O型」父母最受不了的難堪。

因此，「A型」子女與「O型」父母之間的關係常會成為「O型」父母對「A型」子女的意見相當重視，反而「A型」子女對「O型」父母的話會打折扣的模式，雖然彼此能溝通，但親密度較不夠，事實上「A型」子女滿孝順「O型」父母的。

B型子女

「B型」子女對於「O型」的父母比較能夠以體諒的心情來相處，但也只是基於就事論事。

大原則上來說，由於「B型」子女比較懶散、貪玩，所以在勞動力的參與上並不能給「O型」父母滿意的成績，但由於「O型」父母主觀意識作祟，所以一切事務自己包辦也不覺得有什麼不好。

加上「B型」子女比較溫順隨和，所以較不會惹「O型」父母生氣，且是「O型」父母訴苦的好對象。

「B型」子女懂得以柔克剛來維護親情，但並不表示他真的喜歡「O型」父母的性格。

AB型子女

「AB型」子女對於「O型」父母所採取的態度常是「井水不犯河水」。

「O型」父母的熱忱與關懷常滲透著主觀意識，但對於「AB型」子女而言，只要不是強迫他或太為難他，基本上是可以接受的，「AB型」子女最怕無謂的嘮叨。

如果「O型」父母要對「AB型」子女採取強硬手段，礙於「好漢不吃眼前虧」的情勢下，「AB型」子女也會妥協，但會以「冷漠」或「不在乎」來抵制。

總之「AB型」子女對於「O型」父母表面的合作要多於內心世界的契合。

無為而治的AB型父母

● AB型血型的父母沒技巧

● AB型血型的父母沒規則

● AB型血型的父母沒標準

如果你是「AB型」的父母，那麼你將是屬於一種「無為而治」的舵手。

對於子女的教養，你會認同那是為人父母者的責任，但並不排斥「兒孫自有兒孫福」的說法，所以在子女的教育方針上雖然也會在意，但並不特別在意世俗眼中的名次，寧可子女就讀的學校校風好，離家近些。

大致來說，「AB型」父母也不是屬於很有耐性的本質，其耐性往往也以自己的情緒為準則。

當他情緒好時，什麼都好談，但當他情緒不好時則最好保持距離以策安全。

通常「AB型」的父母並不多言，常給子女的是一些大原則的指導，全憑子女自己去領悟，只要不太離譜，大體上「AB型」的父母並不是很挑剔，或特別注意小細節的人。

但因為如此，會讓人產生「寵子女」的誤解，其實「AB型」父母並不是真的存心縱容子女，而是他本身對生活習性表現很灑脫，也可說較隨便且不在意的人，因此對於一些世俗的繁文縟節會覺得可有可無，有時顯得不入世。

「AB型」父母大多喜歡用腦思考而不喜歡做家事，如果做家事也屬於「慢動作型」的，而月也滿情緒化，心情好的時候既勤快又乾淨，但情緒低潮時則任其邋遢也無所謂。

一般來說「AB型」父母算是修養不錯的，多半能與子女溝通，且不喜歡用粗魯的字眼，更盡量避免用暴力，「AB型」父母仍屬於較「理性」的父母。

「AB型」父母雖然很在意自己在子女心目中的地位，但由於其性格本質上有較孤僻與冷淡的特性，樂意當個旁觀者，會使子女比較不敢主動地與他親近。

加上「AB型」父母或多或少都有遲到或改變原則的毛病，所以除非白紙寫黑字或到最後一分鐘，否則「AB型」父母對於一些承諾是不會太在意的。

「AB型」父母的人際關係並不是很廣泛，基本上「家」仍是他們最在意的堡壘，其活動可靜可動，但大致而言人多的地方對於「AB型」父母會比較不自在，也不喜歡。

「AB型」父母其實也有多疑的特性，只是他們認為對自己的子女要信任，故不屑去做一些偷看日記或翻閱書包等動作。

常有些父母當別人批評他的子女時，會有難堪或敏感的情形，但對於「AB型」父母而言這點倒是頂明理和大方，即使不能欣然接受但至少不會太在意。

「AB型」父母不太會為子女做徹底的犧牲，在他們的思想裡，每個人都有其應負的責任，所以「AB型」父母是很懂得為自己安排生活的。

「AB型」父母雖較重視精神方面，當然也在乎水平以上的物質生活，所以有時會表現出虛榮心的一面。

另外「AB型」父母會有較明顯偏心的情形出現。

AB型父母vs.其他血型子女

AB型子女

「AB型」的子女對於「AB型」的父母間雖然彼此心中十分在意對方，但表面上大家並沒有什麼特別熱絡的表達，這點跟雙方都擁有「內斂」和「害羞」的本質有關。

「AB型」的子女瞭解「AB型」父母的特性，所以一般而言除了有必要或是情緒好的時候，否則「AB型」子女與「AB型」父母之間的溝通只是一種「照會」或是「通知」而已，如果用「誰在乎誰多負些責任」來形容，一點也不足為奇。

A型子女

「A型」子女與「AB型」父母之間的相處之道尚稱和諧，因為基本上「A型」子女雖然善良但自尊心太強，十分容易受傷，而「AB型」父母比較給予包容，同時「AB型」父母通常不會太囉唆只給予大原則，對於喜歡自主表現的「A型」子女而言，則常能不負「AB型」父母所望。且由於「AB型」父母較不在意外人的批評和眼光，所以無形中也能影響「A型」子女自卑感的減少。

但由於「AB型」父母不如「A型」子女在情感方面的執著，所以他們的「常失信」是有原則的「A型」子女最受不了的反感之處，一開始會據理力爭，但後來發現效果不佳，「A型」子女也就認了，但可惜久了慢慢也會受影響不再堅持。

B型子女

「B型」子女對於「AB型」父母通常會保持一種「客氣」的局面，他們之間雖然有很多相似的共同點，像理性、平和、不囉唆等，但基本上他們也有共同的弱點，如喜歡動口而不動手，光說不練或五分鐘熱度等懶散的特性。

由於「B型」子女表面看起來很隨和，但其實自有他的主張在，因此對於「AB型」父母的信任與放任倒是很受用，但彼此之間不會很親密，因為對於「B型」子女而言，會覺得「AB型」父母不夠熱絡和溫暖，甚至有點現實。

O型子女

「O型」子女對於「AB型」父母之間的感情總像隔了一層紗的感覺，甚至會有彼此看不順眼的情況出現。

對於「O型」子女而言，「AB型」父母的不入世作風常令他為難，因為「O型」的子女喜歡熱鬧且交友廣闊，但偏偏「AB型」父母往往只會配合或支援幾次就不再給面子了，因此「O型」子女寧可在外面自己打點，也不敢指望「AB型」的父母會守信在家恭候。

但如果礙於現實環境，「O型」子女也能勉強自己來忍受「AB型」父母的忽冷忽熱，因為已別無選擇。

第二篇

單親的天空，不寂寞

早知道沒有她日子不好過
我應該不要跟她離婚的。
我好想他哦！沒有他在身旁
，生活就沒有意義了。
啊！是妳！我好想妳。
是你！好高興哦
你有沒有錢，借來周轉一下……

Edwin

1. 分道揚鑣不出惡聲——離婚篇

離婚成因背景的探討——個性不合≠離婚擋箭牌

扭曲別人≠自我成長

兩性結婚時可能只因一個真愛的目的而結合，但離婚時卻可以有千百個不再愛的理由。造成單親成因中，以「離婚」居第一位，在民主、開放的空間裡，結婚或不結婚、離婚或再離婚均是成年人合法性自主選擇下的生活方式，不論婚姻是否幸福美滿，婚姻中的男女主角總是關鍵人物。

由於社會的組成是以家庭為單位，家庭又以婚姻為基礎，因此組織家庭的夫妻就必須負起當社會人的責任。我們教育的成長環境裡一直沒有把諸如：兩性關係發展及婚姻價值觀、親職教育及人際關係的互動，包括衝突解決……等重要的知性教育落實生活中，在拚經濟成了生存的唯一要素下，嚴重物化已污染了家庭、學校及社會層面。

婚姻的基礎架構若是建立在「怕吃虧」或「無安全感」的心態，而非以真誠的心欣賞及瞭解對方，以摯愛相許並發揮患難與共的精神，則結婚將不過是曇花一現的浪漫體驗罷了，將禁不起時空的考驗。

婚後的男女，彼此在個性上若還是停留在耍性格、論輸贏、量得失的層面，則不但沒有創造婚姻生活中的情趣，反而更容易讓生活的瑣碎齟齬輾壓褪色了。

婚姻基本是需要經營的親密人際關係，因此當婚姻出現紅燈時，如果一味地陷入懊惱的自責或他責中時，反會對自己及對方產生不能諒解的憤怒與悔疚，而這種下意識心理的反彈，往往又會導致在行為上出現負面的表現。

生活不盡如人意，但夫妻在生活中的溝通應盡量做到對事不對人的態度，否則將永遠跳不出是非中無聊的框框。

委屈求全的婚姻不代表幸福

當成年人不能用成熟的方式來處理親密的人際關係時通常也善用不成熟藉口以「個性不合」為理由作為離婚的擋箭牌。

我輔導過的一位即將面對父母親離婚的青少年曾質疑：

「你們彼此個性不合，不是在自由戀愛的過程中就應該發現了嗎？為什麼還要勉強去結婚？然後結了婚又不甘心地生活在一起，而最莫名其妙的是生下我的理由難道只為了讓我來當你們的裁判？」

有許多沒離婚但不代表幸福的怨偶，其實並不願意從自己在婚姻的責任中去檢討，且留給自己及對方一個反省修正重新來過的機會。不是一味地自認倒楣命歹就是強調為了無辜的孩子只好委屈求全，而離了婚的單親也經常在「思念總在離別後」的情緒中打滾，不是刻意裝出一副已走出悲傷陰影的假象，就是期盼孩子能了解離婚是唯一無奈的選擇，而自己也是長期的受害者。

婚姻中兩性和諧的關係是給子女一個最好也最直接的學習對象與機會，尤其讓單親子女能安心自在地瞭解到父母親也許不再能當夫妻，但卻能同時繼續當他的父親和母親。

2. 意外的單親家庭——喪偶篇

在保守的傳統觀念裡，單親家庭形成的原因中，「喪偶」似乎是比較能被接受的一型。原因是「離婚」給人的印象人為因素居多，「未婚生子」則存有「自作孽不可活」的責難心態。而喪偶不論對象因病壽終正寢或是不幸死於意外，總讓人會一掬同情之淚而不忍苛責。

但對於變成單親家長的喪偶者而言，其內心世界的變化往往是五味雜陳，除了少數生前已是只羨鴛鴦不羨仙的佳偶外，其實有許多生前就是以怨偶的關係存在。

不論箇中理由是基於經濟財務分配、價值觀、性生活滿足，還是孩子教育等不同內容，總之婚姻存在的實質是聊勝於無的現實結構勉強湊合著。

時間往往是治療傷痕最好的藥劑，人性的弱點禁不起誘惑是其中之一，相對地，人性的堅韌在於能夠淡忘及合理化，而且往往思念總在離別後，隨著光陰消逝而不再追究過去的種種是非，似乎活著跟死人計較是不光彩也無意義的憾事。

因此喪偶的家長一般而言或多或少（尤其是女性）還會存有自責的意念，不是以早知今日何必當初而產生悔意，就是認為自己「命硬」，剋死了另一半而懊惱；甚至有人從此卻步，失去再覓第二春的勇氣。

緬懷過去無須自責，也不必情緒化

事實上，生死有命富貴在天，每個人都是獨立的個體，**人際之間只有相互依賴的需要關係，而無全盤犧牲奉獻的絕對必要**。

因此，緬懷過去也許是種浪漫。但鑽牛角尖則易情緒化，甚至死守「貞節牌坊」等傳統觀念來顯示自己對已逝另一半的忠貞。

「孤兒寡母」的情結在喪偶的家庭裡仍普遍存在，因此往往為了爭一口氣或是不失「託孤」的使命，而對子女的管教產生較嚴苛的方式（當然也不少會因同情孩子失去了父或母而施以放任政策）。

甚或是過著清教徒的生活，縮小或枯萎了原本雙親時的生活層面，減少了人際互動關係，無形中建立起一道防禦的意識牆，並想藉凝聚悲情化為奮鬥的力量。

最常見的例子就是喪偶家長在教訓子女的對話：

「你再不用功怎麼對得起死去的父親（或母親）？」

「你這麼不聽話，我這一生還有什麼指望？不如跟你父親（或母親）一起去死算了！」

「人家都欺侮我們是孤兒寡母，你一定要振作啊！」

像前述的這些溝通內容偶爾在孩子犯了嚴重錯誤時給予「勿忘在莒」的警示及啟迪，不失為有某種程度的苦肉計效果，但若經常使用則易讓孩子產生罪惡感及自卑感而不自覺。

樂觀積極，樹立正確的示範

曾經輔導過一位喪偶的單親孩子，才讀國一就學會蹺課、吸毒，當這位危險的好孩子說出他心中的苦悶及矛盾時，他的母親才發現原來自己是錯誤的導向。

因為她經常在孩子面前提起，亡夫之所以會過勞死，都是為了讓子女過得好些，以致造成孩子有罪惡感而不敢跟母親提出任何要求，可是又禁不起學校團體同儕中的種種誘惑，於是在自卑的不平衡心理狀況下，接受了虛榮的呼喚而迷失方向走入歧途。

喪偶對成人及孩子而言均是難言的傷害，但在人格發展的過程中如何面對挫折的挑戰，勇敢地面對事實並坦然接受未來的考驗，幾乎是感情獨立最基本的要素，因此不要剝奪了孩子自我成長的空間及學習的機會。

唯有樂觀、積極、對未來充滿信心的家長才能帶給孩子做人處事方面正確的示範。尤其單親家長千萬莫將孩子作為失去丈夫或妻子移情的角色，否則帶給孩子的壓力往往會影響到其未來的兩性關係，造成扭曲的觀點。

3. 自我選擇的代價——不婚媽媽

當工商社會擺脫了農業時代的包袱跳脫出另一結構體制時，推動的原動力是股無形的風尚，其中小家庭組織的竄起、城鄉的差距、人際關係的疏離、自我意識的強化……等因素。均造就了都會文明自我文化與反傳統的價值觀。

而大都會的文化往往又成了國民生活教育層面的指標。因此「不婚媽媽」風氣的興起或許跟女性自主意識的抬頭有關，但更多是對性知識的缺乏以及無知地被浪漫氣氛誤導，甚至不幸被強暴而意外懷孕者的情形比比皆是，最主要的還是整個社會大環境的影響，兩者之間有著不可分的時空與人文因果的交錯。

性開放的社會 助長不婚媽媽風氣

事實上許多不快樂的不婚母親的個案實例中，針對心理部分分析其形成的因素而言，外在客觀方面不外是：一、愛上了不該愛的對象；二、愛上了該愛但對方不願負責任的對象；三、愛上了對方但對方並不知道；四、在不得已被迫的情況下成了未婚媽媽。

內在主觀方面則往往是基於一、愛情浪漫的憧憬（不要名分不計代價只要留下回憶），二、不甘心或怕失去對方而出此下策（以孩子作為箝制對方的工具），三、只要我喜歡有什麼不可以（誰說孩子非要父親不可），四、女性角色的檢驗（女人可以沒有婚姻但需要家庭）等。五、悔恨自己的不幸命運（男人都不是好東西）。

長期以來女性在父權社會的壓制下一直扮演著任人宰割的命運，經過女權運動不斷地努力爭取終於漸露曙光，但要教育到每位女性均能自覺，而在其生存的空間裡達到「人格」、「經濟」與「感情」均能獨立自主的目標，恐怕還需要一段相當長的時間。

婚姻是具有內涵的社會使命

「感情」的獨立與自主，對於長期處於「性別」殖民地化且被矮化的女性而言，更是最難突破的盲點，往往一旦陷在「要馬兒跑又要馬兒不吃草」的窘境裡，便無法瀟灑地來正視兩性的關係，而在這種看似很有自信但又缺乏真正安全感，口裡喊獨立骨子裡盼依賴的心態之下，不但葬送了愛情、扭曲了人格、更甚的是留下了意想不到的後遺症，而不婚生子即是其現象之一。

父母對待兒女的「動機」幾乎可以不用懷疑，只有一個「愛」字，但父母愛子女的「方法」卻有千百種，可見為人父母並不是件簡單的事。

婚姻也許不是最合乎人性的社會制度，但卻是目前維持人類品質延續的合理疇範。因此婚姻不僅僅是基於男歡女愛前提的程式結合，應該要更有內涵的一種社會使命，所以才有「婚姻非兒戲」的呼籲。

生得兒身，貼不到兒心

既然由兩性共同組成的家庭是目前社會認同並肯定的多數，那麼子女在「父母雙親」的教養下成長，自然變成了理所當然的要求，父母角色缺一不是不可，但總是遺憾，而這種遺憾偏偏又是成人帶給孩子的。

因此為了保護兒童人權，不宜再針對不婚媽媽的形成加以鞭伐，所謂「生得兒身貼不到兒心」，隨著年齡的成長，他漸漸地會發現他需要的未必是個「星媽」或「錢媽」，他所期待的只是跟別的小孩一樣，有個父親陪伴的童年或學習的榜樣。

很多不婚媽媽為了表現出自己義無反顧而有擔當的情結之下，對孩子的教養往往變成她生活的重心，不是過分依賴就是滲入太多的主觀，更由於自尊心的關係變得相當敏感，可能將別人的關心誤解成冷嘲熱諷，漸漸地封閉了人際關係，變得暴躁孤僻，無形中，也給孩子種下了性格方面的隱憂而不自覺。

在我輔導過的眾多不婚媽媽中，即使再灑脫的，總還是難掩那麼一絲絲的苦悶，就是別的母親有千百個從婚姻不幸中掙脫出的理由，而她卻找不出一個為什麼她要投入這個沒有婚姻的幸福之道理。

不婚媽媽的抉擇

過去曾應邀到美國及加拿大等國巡迴演講，行程中特別抽空到當地的大都會如美國紐約、加拿大首都渥太華與相關單位作了不少的交流，發現有愈來愈多的不婚媽媽族正在快速成長，對於整個社會成本的負擔及社會問題的解決而言，實在是弊多於利。

但人性的弱點就在於「事非經過不知難」，以及「不能從別人身上的經驗獲取教訓」，雖然致力於讓青春不留白，但卻往往再回頭已血淚斑斑。

曾經有位事業有成並由愛情挫折中站起來的女性朋友，她想要當不婚媽媽，而問我意見時，我的回答是：「一位真正的好母親不是因為她有子宮，而是她有愛心。」

事隔多年，有一天意外的在路上碰見，手中牽著一位可愛的小女孩，她愉快的告訴我：「這是我領養的孩子。」望著她們母女親暱的背影，我由衷地祝福這位不自私的不婚媽媽。

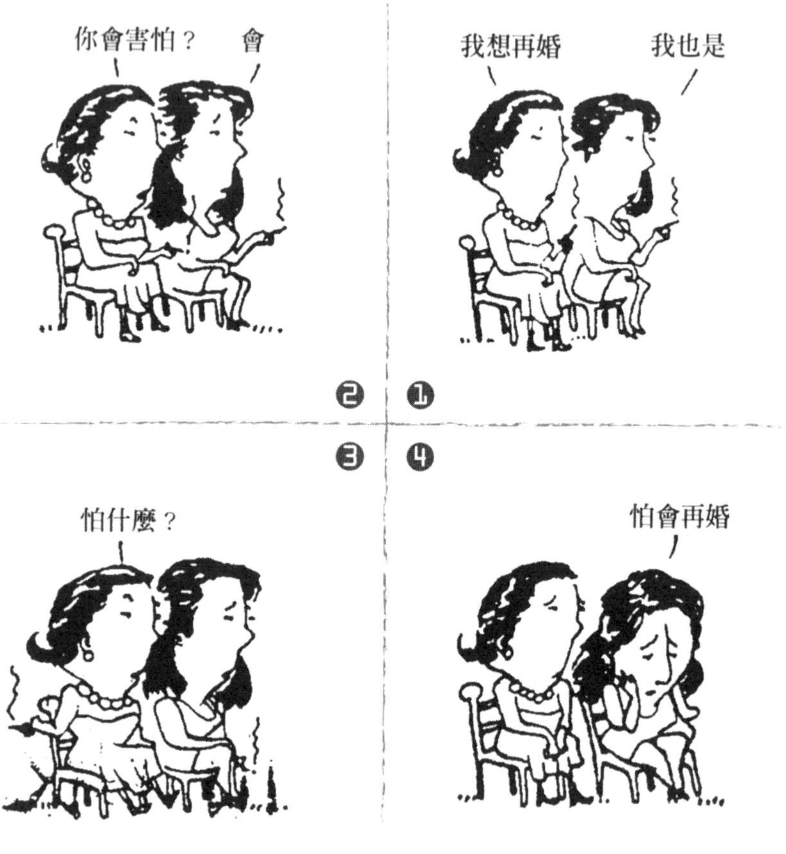

Edwin

4. 未婚媽媽成功之路——理性面對

讓未婚媽媽們的心，在人生轉彎處找到溫暖。

除了離婚率不斷提升，開放的婚前性行為與試婚同居的行為，似乎已在大學及上班族中蔚為風氣後，未婚媽媽生子的年齡層也有快速下降的趨勢。

由於資本主義及多元社會的發展，使得傳統社會主流價值觀正面對空前未有的挑戰，而兩性在婚姻的角色扮演，也無形地由「男主外女主內」的刻板掌控權，演化成性別應在沒有歧視且應以平等對待的合作方式下，來重建兩性發展的未來。

但在這種文化意識的變化及教化過程中，如果政府政策、社會資源、家庭教養以及個人意願，都無法獲得共識或同步成長時，良莠不齊、顧此失彼、官僚僵化，甚至關照偏頗不周全的狀況下，諸多弊病與問題就因此產生了。

而一旦問題發展為一種普遍性的現象時，所謂星星之火足以燎原，漸漸地人們在見怪不怪的情況下，容易由一開始的完全排斥，進入勉為其難的懷疑狀態，做出不信任、不樂意的妥協，但到最後只好順其自然地以不能改變的事實，欣然接受。

在歐、美等國針對未婚生子進行的個案訪談經驗中，發現真正樂在其中而成為無怨無悔的未婚媽媽者，可說是少如鳳毛麟角，所佔的比率幾乎不到百分之五（其中又以經濟獨立、高收入、主管級、且適婚年齡的女性居多）。

有很多個案的情形是，女性在兩性的情感處理中面對挫折不安全或期待改善關係的動機下，把希望寄託在另一個新生命上面，藉以維持兩性的親密關係。

更有少不更事的青少年未婚媽媽，是在幼稚無知下沉迷於酒精藥物的催化，或是不設防的狂歡、意志力薄弱的衝動下，造成事前沒安全防範、事後無能力處理懷孕的事實。當然對於那些因被迫不得已而意外變成未婚生子者（如亂倫，迷姦，強暴……等），則更需社會伸出援手。

性行為關係的責任及父母角色的意義

由於國情民意與西方仍有一段差距，以及在社會傳統的兩性價值觀中女性服從性較高，自覺性的獨立思考較低，加上社會福利的資源網路少之又少，導致未婚生子的當事人經常在面對家庭、社會、職場、經濟、撫育……等不同層面的壓力下，而有所顧忌或退縮，因此在比例上並不如歐美高。

但我們今天要面對未婚生子的課題，除了如何開始加強落實中小學生的正確兩性教育外，更要加強教育小學高年級、中學、大學生健康的兩性性教育以及父母角色扮演的意義與能力的學習課程，相對地讓年輕人能夠成熟地面對未來並認知到生命的價值，與社會責任。

最重要的是要如何協助未婚媽媽用負責的態度來維持一個不同結構的家庭。

目前台灣有太多的未婚單親媽媽，當她面對生活現實殘酷的挑戰，而又不能獲得社會、家庭或親友的同理心支援時，往往情感無助，精神飽受壓力而能力不足的情況下，就會把無辜的孩子當作阻礙人生發展的累贅或負擔的藉口來逃避。甚至仇恨男性。

其中又往往以不負責任的故意遺棄或虐待方式，作為情緒的宣洩。個人曾在幾家育幼院中發現，有些未婚媽媽無法由經驗中記取教訓而學習成長，反而把育幼院當作是當鋪，而把親生骨肉視為典當物，有能力時再去贖回，一旦無力撫養，就再把爛攤子丟給社會來分擔成本。

落實福利政策　幫助未婚媽媽重返社會

也曾輔導過被虐待的單親兒童，由於長期生活在成年人給予的恐懼害怕環境下，不但扭曲了童稚的天真與單純更身心受創，且在訪談過程中透過描述的灰色生命地帶裡，其內心深處已隱埋了好幾枚帶仇恨與報復的不定時炸彈，蓄勢待發。

個人印象最深的是多年訪問美、加的幾所單親未婚媽媽中途之家，看到他們為未婚媽媽設計的暫時收容住所，幾乎是相當人性化，每間為一房一廳的小公寓。

福利機構不但提供了未婚媽媽就業及就學的機會，同時給予專業的心理諮商輔導並教導哺育嬰兒的知識，白天不上學或無能力就業的未婚媽媽們，就由機構負起托兒的責任，但晚上則由未婚媽媽親自與兒女同處，等到母子（女）身心建設均足以自立時，院方則鼓勵他們重返社會生活。

這樣的福利政策既合乎人性化，不拆散母子（女），以求家庭完整性又不鼓勵長期免費收容，並可訓練她們獨立自主重回社會的信心與能力，值得台灣政府參考。

一九九五年個人成立的「財團法人國際單親兒童基金會」（簡稱 SPEF），歷經了千辛萬苦，終於在二〇一二年籌建了亞洲收容最多未婚媽媽的庇護中心。我看到成功的未婚媽媽不是沒有，但失敗的未婚媽媽不勝枚舉。與其用睜一隻眼閉一隻眼的鴕鳥心態視而不見，不如讓我們大家用更包容體諒及積極的心情來正視吧！

讓未婚媽媽們的心，在人生轉彎處找到溫暖。

我有重要的事要跟你說
但是我不好意思說
你說吧！
你昨天晚上應該
要把窗帘拉起來！
我看到你跟你老婆在做愛！
眞的？我昨天晚上不在家
Edwin

5. 成型的「小別勝新婚」——雙生涯分偶

疏忽的雙親是另類變相的單親。

把「雙生涯分偶」列入假性單親的行列是未雨綢繆之計，因為「雙生涯」的父母情形在現今小家庭結構中已經普遍存在。

雙生涯分偶也就是指父母親均各有職業，是家庭經濟總收入的分攤者，但由於在不同領域的職場上，往往父母親不是在同一機構或同一單位、甚至同一城市上班，再加上必須配合工作環境的需要，導致在「雙生涯」的情況下必須接受遠距「分偶」的遭遇與安排。

這其中當然也包括了人為與非人為的因素存在，例如公職中的軍人、民間企業中的船員、外調人員（如公司派駐海外代表或技術人員）、個別家庭規劃（如陪小留學生的父或母），尤其在中國開放，台商增多後，這種情形在台灣更為普遍。雖說「小別勝新婚」，但事實上這裡所謂的小別應指「偶爾一次」，而非「慣例成型」。

偶一為之對家庭氣氛及夫妻感情的互動，具有提供「思念」與「思考」的調味效果，進而產生一種「期待」的「貼切」，是種驚喜的分享；但慣例成型則由於是對無選擇性的事實所產生將就性妥協，因此在心理上，雖然每次家庭聚會時間一到也會令家中生氣盎然，但由於是可預知的相聚與分離，所以很多意想不到的家庭問題也跟著衍生出來。

根據輔導的個案，發現很多雙生涯分偶的家庭由於父或母親經常出差不在家，導致孩子的管教工作幾乎都落在其中的一位單親（父或母）身上，如此一來，不是造成孩子過分的依賴其中一位，就是相對地疏離了其中一位。

分偶易造成角色模糊

曾有位將官告訴我他的親身經歷。由於駐派外島三、五年才能返國，有一天當他按門鈴，應門的四歲小女孩愣了一下，大聲的往門房裡喊道：「媽！有位阿兵哥找你！」

原來他離家久到連自己的女兒也認不得他。

另有位船員遠洋飄泊了幾年，終於衣錦還鄉，結果妻子跟別的漢子跑了。等他找到了，要求孩子回到他身邊時，孩子問他一句：「離開了媽，哪天你再出海時，我該怎麼辦？」

中國大陸開放後，赴大陸投資的個案愈來愈多，而台灣男人在大陸另築香巢的傳聞也令人提心吊膽。

常聽說台灣的大老婆終於帶著孩子，趁假日到中國丈夫投資的工廠來個突擊檢查，果然開門的是自己的丈夫，但身後卻站了一個頂著大肚子的少婦，吵鬧一番後，只好帶著一場碎夢回來。

更有陪小留學生長年在美、加的母親，回到台灣的家中打開衣櫃，發現裡面竟然有其他女人的衣物，質問丈夫時，對方的回答雖帶慚愧但卻無奈的表示：「我有生理上的需求嘛！」

從以上這些個案不難發現，「雙生涯分偶」其實是間接促成單親的另一種危機。因為人性的弱點，尤其是脆弱的情感，往往禁不起時空的考驗，再加上原本作為夫妻互動潤滑的橋樑——兒女們與雙親之間的感情培養，若非居於平衡，則被疏離的一方就會漸漸地對家失去向心力，而更易受到外在環境的引誘或掉入陷阱。

疏忽的分偶影響人格發展

因此為了避免由於雙生涯分偶所造成的家庭不幸，影響孩子人格成長，家長最好要注意以下幾點：

一、夫妻不要因一方長期不在家而將情感轉移對孩子過分的依賴和控制，尤其不可將管教責任推卸給遠在他方的另一半，或將功勞全往自己身上攬。

二、不能以學業功課重為理由而阻止孩子與分離的另一半父親或母親互動，讓孩子多用書信、電話、手機、網路甚至視訊，彼此經常問候。讓對方對家庭繼續保有責任感與參與感。

三、最好將家中雙生涯分偶情況讓學校的老師瞭解，對老師在輔導工作上會較有幫助。

四、家長雙方要彼此誠信，千萬不要因為另一半不在身邊，而因寂寞無聊、禁不起誘惑而染上惡習或外遇，甚至教孩子說謊協助隱瞞對方，造成孩子不良的示範而同流合污，嚴重者更會由藐視父母而演變成威脅行為。

疏忽的雙親是另類變相的單親，因為不確定的變數存在甚至比單親造成更多的後遺症。

故「雙生涯分偶」的家長不得不面對與單親有些雷同的生活型態上做生理和心理的調適，尤其在親職方面更不能等閒視之。

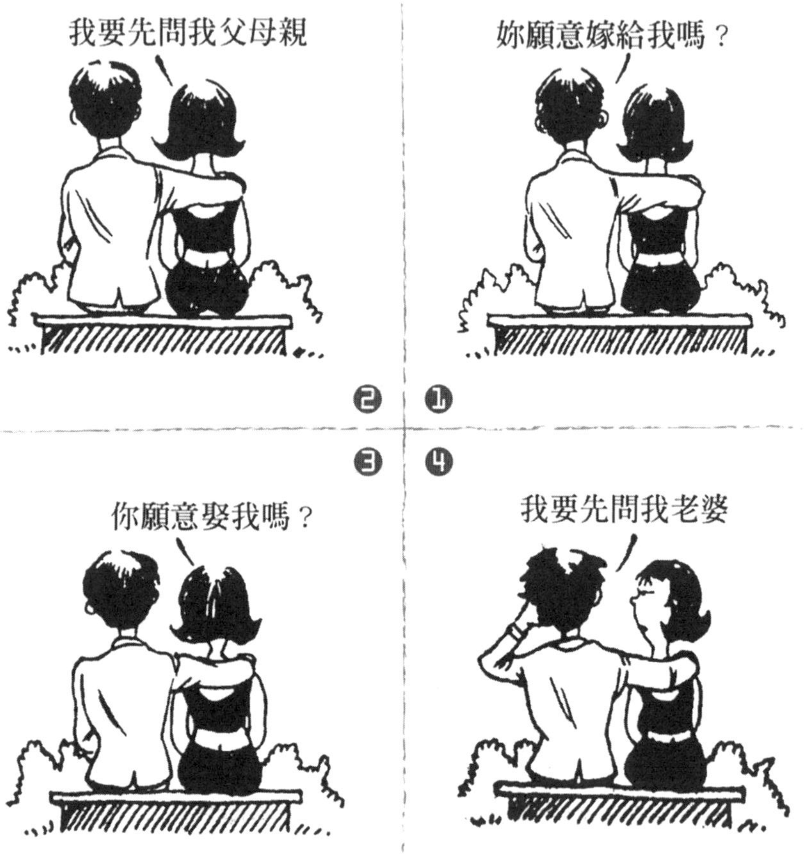

Edwin

6. 兩個家庭，一個父親——外遇篇

最好的婚姻包括了愛情、親情、友情及同情。

在婚姻與道德觀中，一夫一妻制乃有明文規定及法律保障，但事實上很多的婚姻過了幾年之後就不再是快樂，或感到真正幸福的；而家庭不快樂的因素很多，其中心理方面，依心理學家的看法，愈是文化人、教育程度高者，只要其心理上無所禁忌，在本能上大概都是多偶的。

因為他們可深交著一個人達多年之久，但等他們的性關係由生而熱、熱而膩、膩而生厭，則開始會移情別戀，由他處去尋求從前那令人心蕩神馳的經驗。或許藉由道德良知與責任感的牽絆，有可能節制這種衝動；但要想阻止這種衝動徹底不發生，卻相對十分地困難，所以才有人懷疑婚姻與快樂並不能劃上等號。

夫妻彼此文化與價值觀的認識上的差距，影響甚鉅，假如夫妻關係中一方面仍強化「忠誠」觀念，而偏偏另一方面覺得太迂腐或封建保守時，則懷疑、妒嫉和不信任就會發生，加上愛情本身的浪漫是從自由和自然中任意滋長，一旦有了責任與義務承諾的婚姻隨行，壓制太過，婚姻中的愛情就容易毀滅。

在我們的心目中，最好的婚姻是同時包括了愛情、親情、友情及同理心，但我們的行為卻往往無把握地與其產生衝突，而無法達到道德的標準，外遇常就是在這種情況下的產物。

當孩子回家問母親，為什麼同學們有的有父親、有的沒有父親，而唯獨他要跟別人共有一位父親？做母親的通常都會把不能改變的事實，歸咎於被騙或命運的作弄來搪塞，縱使有坦白告實的父親，也都會強調「齊人非福也」的切身經驗。

父愛的殘缺，往往是人格發展的重挫

因外遇而產生的家庭，一般而言除非是分離兩地，否則在同一國度或城鄉定居的話，通常家庭形態會被劃分成大、小老婆，或將外遇對象的住所隱稱小公館（因為以前農業社會多半若非官宦世家或商場豪門，少有能力畜妾），在稱呼上也以大娘、大媽、二娘、小媽等來區別。

外遇的家庭一旦分開成兩單位，則單親的形式就易產生（由於同居一室又能和平相處的機率太少），做丈夫的怕去了東廂西房怨，留戀西房則又被東宮催，腳踏兩條船的結果，最後還是必須有個協商的結論。

但再公平的了斷仍存不平的反映，而這種成人之間的感情糾紛很直接且明顯地影響到了孩子，而且不論是「父親」落誰家，在孩子的成長過程中，父愛的殘缺往往是人格發展的重大挫折，甚至會覺得是種難以啟口的羞恥。

如此結構的家庭，成人們如果不是以包容的、成熟的愛來彌補彼此造成的遺憾，而用愛屋及烏的心情來對待彼此無辜的孩子，則往往會演出刻意為爭奪一個男人的地盤而兩、三個女人明爭暗鬥的情況。不但不能提供孩子一個正常安寧的學習成長環境，甚至淪為成人權謀利用的工具而扭曲了人格，導致自卑的憤世情結，移情到自己的兩性關係中，而不自覺地影響到婚姻的價值觀。

如何讓外遇的父親在扮演父親角色時能做到重質不重量，而母親則更不能以「勝利者」或「委屈者」的角色來影響子女們待人處事的心態，是為人父母者必須正視的課題。

至於同父異母（或同母異父）的下一代，關係則不妨採自由開明及自然的方式來處理，讓孩子們有知和選擇的權利。在這方面成年人最好是不要情緒化的介入，否則由於雙方家長的處置不當而產生仇家的恩怨，豈不應了「我不殺伯仁，伯仁卻因我而死」的遺憾？

兩個家庭的親手足

外遇的家庭結構另一必須注意的就是財產分配的問題。一般單親家庭面對此方面的作法多半是二分一的多寡，而外遇由於牽涉到兩個家庭以上的權益，以致當事人最好能妥為安排以杜後患。

學校方面輔導老師要遏止學生之間以「私生子」之類人格污辱性的字眼嘲諷或歧視，並給予這類家庭的孩子適度的心理建設，讓他們瞭解，不論在何種結構的家庭形態裡，「莊敬自強，處變不驚」是可以讓自己活得較自在的方法之一。

曾經輔導過一位來自家長外遇家庭的青少年孩子，他自嘲地說：「父親對我而言是聊勝於無。」雖然有些消極，但對於許多子女而言，父親角色的存在仍具有其相當的意義，且子女隨著年齡的增長，會慢慢去體會愛情的代價，也較能用寬恕的心境來理解父母的婚姻世界。

所以，對於來自同父異母或同母異父及家長外遇的家庭子女本身而言，或多或少會受到一些非理性的揶揄或好奇的背景探討，最好能用三國時代手足爭權奪利下，曹植的一首詩「煮豆燃豆萁，豆在釜中泣，本是同根生，相煎何太急」，來慰勉自己，到底同父異母或同母異父的子女都是手足，如果不能朝夕相親相愛，至少毋須以仇敵或冤家的態度相待，上一代的恩怨也許不是下一代可以排解，但下一代恩怨不須再續的道理將是可以在被理解中學習包容的！

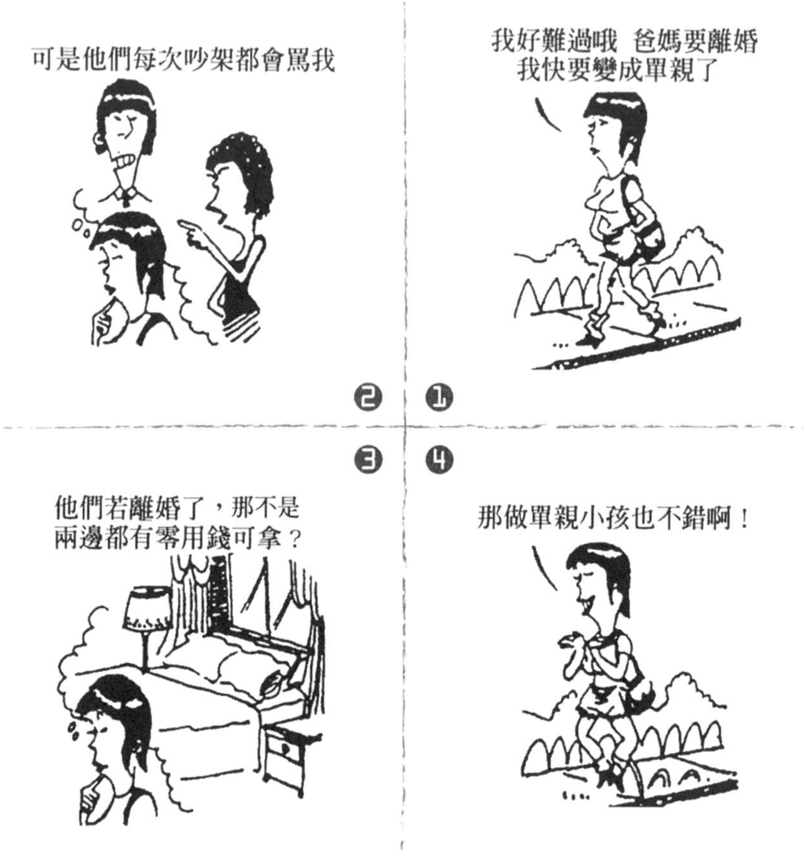
我好難過哦 爸媽要離婚
我快要變成單親了
可是他們每次吵架都會罵我
他們若離婚了，那不是
兩邊都有零用錢可拿？
那做單親小孩也不錯啊！

Edwin

7. 重組家庭的教養問題

繼父繼母的出現，投下了親職關係的重大變數。

爭取監護權對於一對面臨離婚的夫妻而言，幾乎成了財產分配的一部分，不可否認大部分想爭取監護權的對方，均以疼愛子女動機為出發，總認為子女在面對雙親離異的事實後，負起教養的重託非自己莫屬，但仍不能完全排除在一對由佳偶變成怨偶、再造成分偶的一連串是非漩渦中，對於子女監護權的爭取過程中或多或少帶有情緒化的因素。

繼父或繼母使監護權產生變數

曾經有個男性案主就坦白地承認，他之所以爭取監護權，是不甘心自己的「種」（親生兒女）去稱呼別「姓」的男子「父親」；同樣地也有女性案主無法接受自己一手帶大的子女讓外來的女人（繼母）取代她親生「母親」的角色與地位；甚至有的是為了爭取到監護權可以少付贍養費、或多得贍養費等情形出現。

事實上當一對夫妻簽下離婚協議或對簿公堂後，不論當事人心中有多不平衡（憤怒、悲傷、無奈、委屈、痛苦……），但面對現實的日子總是要過，雖說一朝被蛇咬十年怕草繩，但時間終究是治療傷痕的最佳良方。

一旦機會出現，對象適合再加上環境許可，往往再婚或同居的念頭便油然而生，於是乎有形與無形的「繼父」或「繼母」的角色便在離婚後擁有監護權的單親家庭中，投下了親職關係的重大變數；對於喪偶後的再婚者也有同樣的困惑。

在歐美等較先進的民主國家裡，離婚率每年均在高漲中，也因此子女監護權的認知上也就特別受到重視，更因歐美國家兩性平等已由意識形態的教育落實到生活層面的法律保障，且多半單親家庭幼兒的監護權多歸屬母親，而由父親按月給付贍養費。

但雙方父母親均必須接受諮商輔導有關子女教養的課程，並配合彼此時間安排及執行探訪的責任與義務，在法律受到尊重以及各種社會福利制度配合之下，離異的父母親不得不接受用成熟的態度來替代扭曲或報復的手段，也因此無辜子女的生命才能獲得尊重而生活教育才能有條件，並且由父母親婚姻中的案例學習到不能當夫妻，但至少不用當敵人的新開放式的婚姻人際觀。

失婚的父、母應賦予小孩「無私的愛」

當一個成年人不能由憤怒或仇恨中消除或解放出來時，除了當事人活得不開心外，最直接的負面影響就是與其共同生活的子女，因為缺乏對成人感情世界有真正理解力的子女而言，扭曲的觀念移植出來的往往是偏頗的行為。

再加上如果繼父或繼母角色的扮演，沒有經過重組家庭中親子的「充分溝通」，及每一家庭成員的「理解並認同」，則會產生：

一、再婚後的原生父親或母親，在其子女心目中信任地位已產生了無形的動搖而不自覺。

二、子女們會因好不容易才適應的單親生活，被迫再去面對突然有繼父母或繼兄弟姊妹複雜人際關係，其所帶來的有形與無形的壓力與衝擊，令其非常不安，甚至害怕原專屬自己的父愛或母愛，因此驟變而從此消逝。

三、繼父或繼母在重組家庭中既陌生又尷尬的角色調適壓力下，無法協助子女的教養工作。

四、令離異後的原配偶，有機會利用重組家庭脆弱的結構而進行分化，導致影響子女人格的發展。

五、重組家庭中的角色在每個成員均「心有餘力不足」或是「巧婦難為無米之炊」的處境下，很容易瓦解、破碎，造成二度傷害。

六、爭得監護權但並不重視教養權的父母，除了徒增單親家庭容易產生問題子女的刻板不正常印象外，並給社會帶來有形與無形的負擔。

一個負責任的父母親給子女的愛是種發自內心深處而不受任何外界影響的「無私的愛」；主觀的、權威的、有目的的愛，往往都會是成長中的障礙。

為子女犧牲奉獻還能沾到親情光輝的雨露，但使子女變成父母婚姻中的犧牲者，則將是千古罪人，為人父母又擁有監護權者，不能不警惕啊！

8. 隔代教養的阿公阿嬤

隔代教養上的管教疏忽往往在沒有準則的教養方式下，導致兒童易養成在生活方面過分自主性的依賴與耍賴。

過去農業社會大家庭結構普遍存在的情況下，三代同堂幾乎是種理所當然的現象。在這種組織架構下，祖父母的地位崇高，如果不是掌控經濟大權，就是領導中心的精神象徵，而在這種傳統的兩性文化空間裡，重男輕女形成的男尊女卑下，女性成了傳宗接代的工具，而男性則變成養家活口的行動者與家庭秩序維持的執行者，從整個大環境看來是種男主外女主內、父上子下、父嚴母慈、兄友弟恭及直隸式的分工配合藍圖。

由於時代文明變遷，世界政治潮流開放，社會層面多元化，兩性關係平權以及獨立生命個體的逐漸受重視，導致婚姻不再是刻意的無自主性安排而是自由意識的選擇，也因此過去許多社會成本因素的考慮如離婚或喪偶的女性很難再覓第二春；一個離過婚的男人很可能在職務升遷上受到歧視；單親的兒童可能會被貼標籤。

這些過去的問題，今日都已經不再是問題，婚姻價值變得更個人化，選擇也更受尊重。如此的轉變，反倒使得婚姻問題更是層出不窮，而在這些每日發生的婚變中，被父母雙方故意遺棄或給爺爺奶奶託管的單親兒童，其實並非少數。

隔代教養的普遍問題

隔代教養局面的形成不論是何背後因素，但對既有的婚姻家庭制度而言總是給予非正常化同時後遺症多於正面價值的人際結構。俗話說「虎毒不食子」，相對地也有「奶媽帶孩子，終究是別人的」不同看法，而隔代教養的孩子就正夾在這種寄人籬下的成長環境中。

曾輔導一個亂倫的個案，就是父母離異而將孩子交給公婆。當婆婆去世，只剩下祖父和孫女相依為命，不幸的亂倫情況就在這孤男寡女的情況下發生。

隔代教養的情況下最普遍產生的問題如下：

一、**概念上的代溝導致管教上的差異**：祖父母（或外祖父母）與孫子女的年齡差距平均都近半個世紀（50歲），而在這種情況下，除了生活起居的照顧有人安頓外，在教育上總是會有隔代背景上的認知落差與溝通上的代溝存在。

二、老年人的期待總是以「養子防老」為光宗耀祖的目的，「含飴弄孫逍遙樂天年」為晚景的回饋，如今兒媳「家破人未亡」，雖留下了傳宗接代的代表，但卻不盡教養之義務，無形中在心理及生理各方面均帶來非期望中的親情壓力與沉重失望，因此**經常會以情緒化的方式來處理祖孫隔代間的互動關係**。

三、由於不同於一般兒童的家庭成長環境，加上隔代教養上的管教疏忽（如不忍過分苛責，體力不支，無法融入時代腳步以及思考無法配合……），往往**在沒有準則的教養方式下，導致兒童易養成在生活方面過分自主性的依賴與耍賴**，行為方面易造成逞強或逃避式的說謊、偷竊、故意叛逆，來引起成年人的注意，性格方面的孤獨、自卑或自閉等不安全的失落狀態。

四、甚至有些個案由於童年成長背景的影響而發展出**異於常人的家庭價值觀**，導致無法擺脫下意識裡渴求的戀父、戀母的幻想情結而害怕面對及不會處理婚姻問題。

五、雖是隔代親情或寄養家庭，但因**長期「寄人籬下」，沒有真正家的感覺**，因此人格發展容易被扭曲，而使自己陷在既想擁有被愛的權利又怕被排斥的傷害。尤其在同儕中則易因爭風吃醋而演變出敏感、妒嫉……等情結，不是刻意去討好迎合他人獲得注意就是自暴自棄，放縱本我的極端行為，而使自己陷在表裡不一的矛盾掙扎中痛苦不已。

六、加上隔代教養的情況中，**家長與學校聯繫的機會較少，也易形成在管教上另一漏洞**。如果老師不察，加上祖父母或寄託家庭家長代表的疏忽，孩子本身很容易就促成「主導局面」的重要角色，惡性循環的結果，會變成孩子看似早熟、懂事、獨立，但事實上可能虛偽、耍詐及逃避責任的表相。成了「危險的乖小孩」，而令人無法察覺。

幼吾幼以及人之幼

每一個孩子來到這個世界均是造物者給人間最佳的禮物，世界上最寶貴的東西既不是金銀珠寶也非高樓大廈，而是「人才」。

每個人對人才的維護與重視已經不僅僅針對每個家庭出自己生的孩子，而應真正做到「老吾老以及人之老、幼吾幼以及人之幼」的大同精神。尤其學校的教師們更需多花一分心思在隔代教養的孩子身上，因為老師是孩子與家長之間最信任的橋樑，也惟有老師多給予課外的輔導，才能使孩子遠離「被拋棄」的不幸感。

9. 更生的慈悲——服刑篇

只有出汙泥而不染的人，才能給浪子回頭金不換者一股動力。

除非是凶神惡煞，至死不知悔改，否則多數罪犯在犯法後，不需等到鋃鐺入獄就已開始後悔。

服刑者在接受法律的制裁之後，都期盼能夠早日恢復自由而更生，所謂一失足而成千古恨，當殘酷的事實擺在眼前時，當事人的懊悔固然不在話下，但連帶受累的家人則更是啞巴吃黃連有苦說不出。因為當罪犯的家屬並不是榮譽的身分，歧視的眼光中多少還帶有責備的意味，甚至被親友劃分歸類為「近墨者黑」，而保持距離以策安全。

傳統錯誤觀念 阻礙受刑人更生

雖然罪犯的種類及形態各不相同（包括冤獄），但一般大眾在事不關己的前提下往往一律以「觸法即是壞人」的二分法而視之，這種情形在社會封閉、政治封建和資訊封鎖的時代裡尤其明顯，也因為這種根深柢固的觀念，使得罪犯更生的機會受到相當的阻礙。

儘管俗話有「浪子回頭金不換」的鼓舞作用，但面對生活現實的挑戰時往往又是另一種挫折的考驗。

在輔導個案的過程中，曾有位因偷竊而服刑的青年反映，社會並沒有真正提供受刑人恢復尊嚴的觀念，更缺乏包容受刑人家屬的雅量。

當他服完刑在政府輔導下進入了一家工廠上班，有次同事掉了錢包，他熱心順手撿起準備拿給他，結果對方不但用質疑的眼神，背後還傳來「狗改不了吃屎」的惡言批評，讓他心灰意冷到想藉自暴自棄，或乾脆壞得更徹底些的衝動來平撫內心的掙扎。

還有一位數十年前曾因經商失敗犯了票據法而坐牢的朋友，其子考上了私立大學，在親戚的融資之下，孩子順利地就讀並以打工維持生活，但在不明事理的債主眼中則變成了父親倒別人的錢故意不還，卻留著給自己兒子享受特權……。也因為在追討債務過程中的污蔑言語傷了孩子的心，於是留下遺書自殺了。

以包容心接納受刑人家屬

翻開社會檔案可說是無奇不有，姑且不去以因果論之，但至少站在人性、人道及人權的立場，我們除了要發揮法律制裁的公權力外，相對地也應以寬恕包容的心來接納受刑人家屬。單親對發育成長中的小孩而言，已經是沉重的負擔，更何況造成單親的因素背後是讓他個人覺得在師長及同儕間難以啟口的羞辱，加上在獄外負責家計的另一個家長也會因落單及面子問題，導致心情受困而變得憂鬱消極。

因此當孩子在面對成為受刑人家屬，類似單親生活狀況時，家長本身一定要表現出有擔當肯負責任的態度，來承擔另一半接受法律制裁的事實，並以前車之鑑來警惕。而不應用誹謗中傷的渲染的方式來責難獄中的另一半，甚至對自己過分的歌功頌德；更不要誤導孩子「以暴制暴」的報復心態，或在責備事件中加以「天生壞坯子」或「有其父（母）必有其子（女）」的言語傷害。

發憤圖強，證明自己歹竹出好筍

學校方面，則輔導老師對於受刑人家屬應給予更多的關照，因為他們往往是處在社會邊緣中掙扎的一群，需要提供信心表現的機會及被完全認同的肯定。

縱使孩子由於家庭疏於管教，而有越矩或表現不佳的行為時，千萬不要以權威受挑戰而情緒化地加諸於其背景，而給予影射或嘲諷。對於大部分的學生而言，老師是其心目中另一尊敬或崇拜的對象，有時會因為受傷而對偶像失望後，更對自己絕望。

至於身為受刑者家屬的孩子，要能學習面對外來有色眼光的免疫能力，不用背著傳統迂腐「父債子還」的包袱壓力。而是藉機由他人的經驗中記取教訓，鼓勵自己是「歹竹出好筍」，千萬不要因噎而廢食，只有出汙泥而不染的人，才能給浪子回頭金不換者一股動力。

10. 母親永遠無可取代

為了不負蒼天給予「母親」角色的考驗，女性必須努力為這項任務，在生理及心理上付出比男性更嚴苛的挑戰。

即使已到了兩性共治的新思維、新世紀，但母親角色的迷惑依舊存在。傳統中母親完全犧牲奉獻失去自我的行為模式，雖然令人肅然起敬，但終究是種宿命中的無奈，而且也易把養兒防老期盼回饋的心理作為情緒壓抑的補償。

女性主義的興起，讓更多的女性可以自覺地認知到，生命過程中每個階段角色的定位，是可以透過自由意志的選擇和機會學習嘗試與扮演，而非一味地向環境與父權妥協來矮化自己。

於是女性在更多元化的自主空間中釋放，不用再扛不生育的性別歧視的十字架，不用再忍受媳婦熬成婆不公平的人性扭曲與折磨，不用再恐懼婚暴中不受尊重的身心傷害，更不用背負著男尊女卑或男主外女主內的刻板生活方式。

照理說，現代母親應比傳統母親更自在、更自由、且更開心才是，可是根據一千五百分的「母親心情指數調查」，卻傳遞出現代母親從家庭中最親密的丈夫與子女關係中，獲得安全感指數是令人不滿意的，而丈夫及子女對母親身分及權力認為都給予相當大的版圖了，但對母親的柔情卻少了分貼切的感受。到底那裡出了狀況？

媽媽的形象與本人期待有落差

一位國中生曾用「永不退休的鸚鵡」來形容其母親的嘮叨，另一位則用「微波爐」及「速食店」來描繪母親的功用，其他諸如「提款卡」、「老k」、「假可愛」……等取代了傳統「無知」、「保守」、「頑固」、「落伍」……等評價，表示儘管時代不同，但家庭中成員對母親角色的印象跟母親本人的期待，在認知上仍有相當大的落差。

所以如果說「每逢佳節倍思親」是浪跡天涯遊子心聲，那麼「每逢母親節百感交集」，對天下活著的母親而言將是最貼切的寫照。因為這一天被集體歌功頌德的團拜慶典，不論個人的感觸如何，至少整個社會營造出來的氣氛，讓每位母親存在的價值受到肯定，且跟母親節有關的應景產品，也相對地在水漲船高中湊熱鬧地展開。

事實上在工商社會，一切以功利、以效率、以目的為優先考量的生活方式裡，親密人際關係如夫妻、親子已愈來愈疏遠，不論是在稠密的大都會或是偏僻的鄉里，每個人都希望擁有自由自在的空間，可是卻又不願完全被隔離，每個人都期待擁有未來值得回憶的過去，偏偏每個人又害怕現在付出太多，將造成未來無法負荷的責任，導致心裡的衝突與行為的矛盾，一旦反射在生活的層面，就成了流行歌曲中的「想愛又怕受傷害」般地迷惘。

母親的角色艱辛且可敬

每個人活在世上都一直在「愛」與「被愛」中掙扎，隨著年齡、心智的演變，幾乎潛意識裡都認知到，找尋定位與取得平衡的ＥＱ是成長過程中重要的學習課題。

而嬰兒自出生第一位接觸到「愛撫」所給予安全的對象就是來自「母親」，台語以「腮奶」（撒嬌）恰恰勾繪出母親哺乳的慈愛畫面，而嬰兒用腮貼著母親的乳房，正是孺慕情操的呼應。可見母親與子女的關係並不單純只是子宮、臍帶與奶水，而是一種透過自然生物體結構的孕育，延續新生命力量與傳承的天職。

為了不負蒼天給予母親角色的考驗，幾乎全天下的女性都必須努力為這項任務，在生理及心理上面對比男性更嚴苛的挑戰。

儘管時代在改變，女性生兒育女已不是認同角色中唯一的選擇，但對大多數的女性而言，能身為一位母親、擁有自己的骨肉，終究仍是一分難言的驕傲，就算在教養過程中必須面對意想不到的困惑與挫折，就算在生產過程中需冒著生命攸關的搏鬥，但只要有機會總是不放棄去嘗試。所以母親的地位未必崇高，母親的身分未必尊貴，但母親的角色無可否認地是艱辛且可敬的。

現代的母親儘管在人格上，經濟上及情感上能獲得較多的自主與獨立，但相對地，在面對無法全部擺脫傳統，又必須學習耐抗壓能力的同時，還得負起絕大部分養育兒女的責任時，必須要更勇敢、更堅強、更有韌性，而其中要如何運用智慧多愛自己、栽培自己、開發自己，而非一味地操控、佔有及依賴丈夫或子女，就成了是否能成為子女心目中的「超級媽媽」，但又不失自我的重要關鍵。

當很多母親虛榮地期待，拿母親節慶祝的內容來衡量或比較子女的孝心時，母親尊貴的地位就開始淪為世俗的禮尚往來。

當很多母親因工作繁忙，將教養工作一併託放在保母或外傭手中時，母親在親情上已不自覺地繪上灰色地帶。當很多母親不願接受新觀念，學習生活的新技能時，她無形中已主動關上了一扇溝通內容與交流管道的門；當母親因成人世界造成的困擾反映，而影響到正常生活運作時，子女直接受身教影響而開始懷疑母親存在的價值。

只有母親節才孝順母親嗎？

曾有人問我，當一位單親母親在過母親節時有什麼感想？只要不論天涯海角、不論子女年齡大小，在孩子他們的心目中還記得叫聲「媽！我愛您！」我想心願足矣！

從對子女生活照應的「奶媽」到成為子女的「朋友」，到樂意成子女「顧問」的角色，似乎每位母親在角色的轉換與調適上，都有難以釋懷的痛苦經驗，但只要瞭解養育子女只是責無旁貸的義務時，就會無條件地隨著子女年齡的成長而給自己鬆綁。

同樣地，如果為人子女能深沉地去體會母親其一生中所扮演的角色是需要付出多少的人力與精力，而真正的回饋只不過是希望你活得比她更快樂、更幸福、更美滿時，為什麼吝於開口，而不利用在平時聯絡親子感情就把愛意對母親表達，而俗氣地等到母親節或生日才匆匆彌補，這是逃避還是不夠成熟的作法？

每個人對母親節都有不同感受，但結論只有一個，那就是母親的角色幾乎永遠是無法取代的。

11. 走出挫折的人生

點燈的人必須接受黑暗的埋怨，而熱心的人要有接受褒貶的雅量。

生命透過生活的檢驗，其實就是一部挫折學，有形和無形的壓力在生命的每一階段裡，對於每一角色的扮演者都在做催生的體驗，只要有一口氣在誰也不能免除，而培養危機處理的能力，也只不過是讓你偶爾倖免及增加抵抗力，並不意味著你的人生從此快樂似神仙。因此如何把人生不如意十之八九，強化成縱使十之八九不如意但也不要放棄那唯一的機會，就是另一部快樂人生的哲學。

面對挫折的壓力時，如何去承認挫折事實的存在，有時是相當殘酷的體驗，但若不去面對則無法掌握狀況，事有輕重緩急而時有前後順序，唯有坦然面對才能想出解決的方法，也許問題不能馬上迎刃而解，但至少可以給自己求生的勇氣。

記得十多年前一場意外讓我變成單親時，簡直不敢相信也不願承認它是事實，可是擺在眼前的就是一場災難的殘局，和三個稚齡兒女的困惑神情。留在僑居地人事已非，回台灣則何去何從？如何找分維生的工作？子女的教育歸屬？如何面對親朋好友……？

一連串活生生血淋淋的現實問題均在眼前示威，逼你挑戰，在惘然抉擇的十字路口上，你會覺得孤單和寂寞成了你唯一的莫逆之交，疏離與陌生令你彷如被遺棄般地狼狽，總之在這個階段，勇敢是戰鬥的力量。

痛苦的人沒有悲哀的權利

而在面對事實的同時，千萬不要放縱自己的情緒，尼采說過，「痛苦的人沒有悲哀的權利」，因為沉澱後的情緒才能用比較理性及客觀的態度，讓自己恢復角色的扮演。

記得當年基於經濟以及子女學校教育一致性的考量，把年僅八歲、十歲及十二歲的兄妹三人留在僑居地，而自己則成了兩地來回的空中飛人。每次請假回去探望時，八歲小女兒臨別前夕總是緊抱著我偷偷不斷地抽泣，怎麼安慰就是難割難捨，最後只有狠下心使計騙她長輩出遠門晚輩哭啼則易出事的迷信，才把她給唬住了，一旦搭上飛機後我馬上找一大堆中英文報紙逼自己讀出聲音，來掩蓋親情撕裂的離愁。

重新站穩腳步不是件容易的事，但是可以不斷練習的。如今他們都已大學畢業且成家立業了，一路辛苦地走過來也許傷痕累累，但卻活出另一片有信心的天地。

雖然我非教徒，但我經常鼓勵朋友「追求的過程要努力，但不妨把結果交給上帝！」培養幽默感是給自己挫折的生命中注入些點滴，不一定有綿延生命的效果，但至少可以令自己活得自在些。

曾經擔心兒女在交友時會受到單親家庭背景的阻礙，於是做試探性的詢問，結果沒想到他們的回答居然是很酷的幽默：「通常人家很樂意跟我們做朋友，直到他們知道您是我們的媽媽後才改變。」

另外有一次跟兒女們討論親職教育，似乎某種現象顯示出單親的孩子渴望能有雙親，而雙親的孩子則希望自己能變成單親的易位心理狀態，討論告一段落，大兒子離席前拍拍我肩膀說：「媽，我不反對妳的專業分析，但依我個人的看法是單親的並不見得羨慕雙親，而雙親的也不一定喜歡單親，他們共同最渴望的大概是當孤兒吧！」因為不用被管。

點燈者必須接受黑暗的埋怨

療傷止痛是對自己能力的肯定，但願意獻身去幫助其他正在痛處的人，則是對生命熱情魅力的散發。**點燈的人必須接受黑暗的埋怨，而熱心的人要有接受褒貶的雅量。**用了十多年的時間輔導了無數的單親家庭走出陰影，卻也遭受到不少批判、中傷、質疑的挫折，但無損於我的樂在工作中。

有位朋友十分不解，為什麼我從不介意自己主持或當來賓的電視節目收視率，我的回答是：「節目內容不好應找製作單位；不喜歡我的長相跟基因有關，應找我父母；至於我講過的話，我自己都不記得了，你幹嘛還拿出來反芻或找碴？」

其實每一個活過來的人都有自己的歷史，所謂蓋棺論定，可見歷史並不在乎長短而在於過程，內容精彩與否也非重點，主要是歷史的創造力以及對歷史本身的詮釋，能夠坦然面對失敗經驗的歷史檢驗，則是對走出生命挫折的另一超越。

12. 單親，不要成為孩子的原罪

唯有真誠經得起考驗的愛，才能使孩子變得更勇敢。

成年人的婚變留給孩子的後遺症有很多層面，而且每個孩子由於成長環境不同，接受程度及適應能力的差異，導致發展出不同的性格。

一般而言，再健全的單親教養，由於情感依賴全在父親或母親身上，仍然會在孩子成長的過程中留下或多或少的陰霾，影響到其內心潛在的一種不安定的恐懼、缺乏信心、對人的不信任以及不平衡的嫉妒或自卑感。

因為在孩子的世界裡，由於年齡跟心智的關係，往往是成年人無法全盤理解的，很多親子關係會因代溝而碰到瓶頸。

大部分的孩子在他們成長的童年或少年歲月裡，能給他們身心仰賴及愛的滋潤，還有學習模仿對象的則非父母莫屬，有愛的支持，浪子才有回頭的機會，相對地，不被愛的遺棄，只會逼孩子一步一步走上自暴自棄的不歸路。

因此成年人包括單親家庭周遭的親戚朋友們都應主動、溫暖，適時地給予單親兒童們支持與鼓勵、協助他們重建社會價值，也唯有提供他們一個失去小愛的不幸的人生哲理，更能養成他們「取之於社會，回饋於社會」的健全人格。

如果這個社會每個人都是只掃門前雪般地自私自利，後果不但將使社會的發展受到阻礙無法進步，同時社會的負擔會無形的加重，而每個人的福利也將受到波及。到底社會是個共有資源的團體，而非特權分子或單一個體的生存工具，唯有命運共同體的認知，才能發揮超越國界、種族、性別、貧富……等世界大同觀的最終目標。

單親孩子，不該背負原罪

在我輔導過的個案裡，印象深刻且讓我引以為鑑的其中一個，是關於「隔代教養」背景的案例。

一位才就讀國小四年級的女學生，我們姑且稱她叫阿芳。阿芳十分乖巧懂事，尤其在長輩眼中，由於她的功課成績一直不很理想，可是連她自己也不知道問題出在那裡，所以在一個偶然的機會，當其學校的老師跟我討論到這種情形，我決定深入去協助了解。

阿芳的父母親在她讀幼稚園時離婚，阿芳的母親雖獲得了監護權，但為了謀生無法將阿芳帶在身邊，於是便把她長期寄居在外婆家裡，由外婆來代撫養是典型隔代教養的形式。

由於目前整個世界婚姻生活的心態上，單親子女常會不自主地把自己規劃成另類族群，這種心理上的分類一旦延伸在大家庭、學校或其他團體中便會由於彼此間意識形態的認知與背景的相同，無形地成為物以類聚的另一群弱勢。

在這樣的型態發展下，如果家人、學校或社會再不能針對其個人的人格發展而給予重視或關注的話，則孩子往往會從原本對於家變不幸的理解，由悲情化力量奮發圖強去面對新環境的挑戰，轉換成對現實的不滿，認為大人們所造成的不幸，竟由他們來承擔此類的心理反彈。由於阿芳年紀較小，對父母離異的原因不太能體會，但她卻一天比一天在意她成長過程中，周遭親人帶給她的歧視眼光。這一直是她扛不起的原罪十字架，其中有個原因只是因為阿芳的長相太像她父親了。

住在外婆家裡，除了有外公、外婆、舅父、舅母、阿姨、姨丈長輩外，還有平輩的一大堆表兄弟姊妹們。每當大家談及阿芳母親的不幸遭遇時，阿芳的父親就成了眾矢之的，更由於阿芳的長相，使她遭受池魚之殃。

對於阿芳而言，這是一種他人永不能體會之痛，每個親戚看到她就想起她「不負責任」的父親，她害怕別人論及她父親，她害怕她被家人貼標籤而隔離，她甚至恨老天給了她一個令她抬不起頭來的父親，還要讓她長得像他？

可是既然已是不能改變的事實，除了坦然面對外，唯一尚可行的辦法大概就是改變別人對自己的成見，以及區分自己與父親的關係吧！於是阿芳便將大部分精神極力討好長輩們及表兄弟姊妹們的歡心，且逮到機會更是再強調自己有多恨她父親，來表明心跡，期盼能獲得親人們的讚賞，也因此她失去兒童應有的天真純潔。更因為成年人提供了她一個足以汙染心靈的環境，為討好親人，她變成了善於察言觀色甚至工心計的小大人，倒是學校反成了她信心建立的所在，因為學校裡沒有人會因為她的長相而對她苛責。

其實像阿芳這種個案在我們周遭比比皆是，只是成年人有意無意的情緒反映卻已在孩童心中種下了心理障礙。

曾經有位單親母親因小事一時氣憤，責備兒子說：「你就是像你父親一樣的孬種，我看你是沒指望了。」結果這句話跟著她兒子走了十多年，直到一次意外的幫派火拼中，她兒子受了重傷，在醫院臨終時，竟握住他母親的手說：「媽，我再也不是孬種了。」

另一個故事是位單親父親。每逢女兒犯下任何錯誤，他都會用：「真是有其母必有其女」來指責，由於母親是因為外遇而與父親離婚，因此這種完全不合邏輯的恨意帶給女兒的幾乎全部是負面的影響，直到女兒婚後還不能建立信心，須透過專業諮商的輔導才慢慢撇開她對母親角色的歧視，以及對父親的不諒解。

在寄居的親朋家裡，也往往因為觸景傷情，羨慕別人有雙親而自己卻是單親，甚至已不幸單親，但又不能與父親或母親相聚而產生被疏離、孤立的自憐與自卑感而影響其人格行為。

孩童單純的世界裡就屬情感方面最脆弱，也唯有愛才能使其從自信中變得堅強，也唯有真誠經得起考驗的愛，才能使他們變得更勇敢。是非或誤解往往來自說者無意，聽者有心，不論是否為人父母者的成年人，不能不謹言慎行。

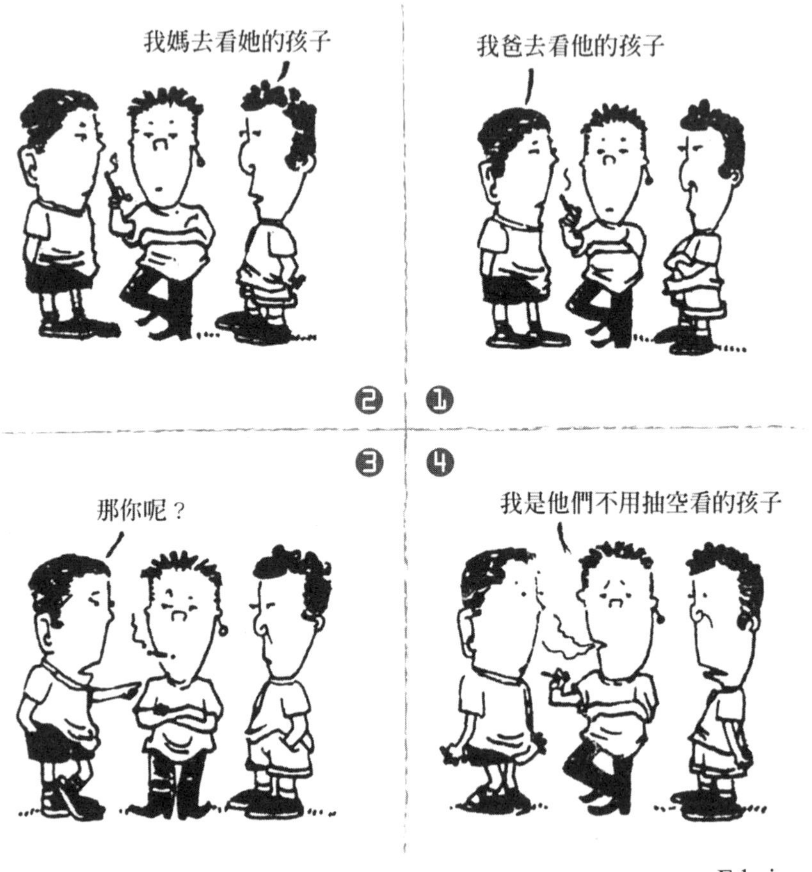
我爸去看他的孩子
我媽去看她的孩子
那你呢？
我是他們不用抽空看的孩子

Edwin

13. 單親家庭過好年

自重者人恆重之。

「今年的除夕爸爸正式不回家吃年夜飯，準備好了圍爐的飯菜，媽媽撥了一通電話到那個『女人』的住處，證實了接電話的確是爸爸的聲音之後，這次她沒有生氣也沒有破口大罵只是沉思了一會兒，然後打開電視，我們三個人開始一邊吃年夜飯，一邊若無其事的聊天。

少了爸爸家裡雖然是冷清了一點，可是感覺上卻比較輕鬆舒坦，因為已經好幾年了，爸爸、媽媽經常起爭執，大吵小吵吵個不休甚至到最後還大打出手。哥哥年紀比我大，朋友也多，每次一看不對勁就往外跑，我只能躲在房裡，聽他們鬧到筋疲力竭，彼此再不屑的丟下一句：『要不是可憐這兩個孩子，我早就不要這個家了。』

年初三，爸爸終於回家一趟，他整理了一袋衣服又匆匆離去，臨走前他給了哥哥一個紅包，告訴哥哥要好好照顧這個家，他也給了我一個紅包叫我要好好照顧媽媽。我回答說：『我年紀還小不會照顧，你為什麼不回來照顧呢？』爸爸苦笑的拍拍我肩膀說：『等你長大了你就會知道。』我本來想學班上林志偉，他說他爸爸有外遇的時候，他曾恐嚇他爸爸：『將來長大了我要去打那個破壞別人家庭的臭女人，還有你老了我也不會養你的……』可是我來不及開口，媽媽早已站在我後面冷冷的對爸爸說：『過年過節的，我不想詛咒你，快滾吧！以後最好也別再回來了。』」

「爸爸媽媽告訴我他們決定要離婚的時候，我就要求他們讓我念私立國中並且住校舍。沒有了完整的家之後，第一年爸爸搶在媽之前帶我回去過年。第二年爸爸和一位商場認識的阿姨相邀出國過年，問我願不願意一起去，我識趣的拒絕了。第三年媽媽公司有位喪偶多年對媽媽很照顧的叔叔，要帶他女兒並邀請媽媽和我一起出國旅遊，他女兒小我三歲，滿漂亮也滿任性的，不過我不喜歡看見媽媽在讚美她照顧她的神情，我又識趣的拒絕了。所以今年我拿著兩個大紅包跑去南部和外公外婆一起過年，看到舅舅一家人熱熱鬧鬧的過年，心裡感覺是若有所失的。」

拋除標籤及歧視，給予尊重與空間

以上是高一阿根及國三小芳在本基金會《樂在家中》會刊主題：「竹報平安」中的投稿。文章字裡行間不難發現，單親家庭父母親人際關係的互動對子女所產生的心理影響，經常是被成年人忽視，或是出乎意外的。

為什麼會每逢佳節倍思親，為什麼會觸景傷情？因為人是群居動物，環境與文化跟每個人的生活是息息相關的，雖不至於牽一髮而足以動全身，但感受總是會不經意地在下意識中做祟，這也是不斷呼籲社會不要對單親貼上標籤，不要給予歧視，希望能提供一個尊重生命、包容差異空間的重要理由。

因為幾乎沒有人結婚的目的是為了離婚，也沒有人會期待以成功的單親來作為幸福美滿的詮釋，何況不可知的天災，例如九二一地震，三、四秒瞬間就造成了幾千戶的單親，因此要慶幸自己仍能在雙親的家庭中經營，而非幸災樂禍的批判或不屑單親的出現，因為沒有人能保證「今日的雙親，明日不會變成單親；而今日單親，明日也可能變成雙親」。

真誠主動關懷，化解疏離

針對社會支援方面，除了平時能以財力捐助相關的公益單位外，私下能務實地給予正面的認同及積極的鼓勵則是最佳的行動，尤其在逢年過節的時刻，因為不少變成單親後的家長，總是帶著無形的自卑而不自覺地反映在自尊心的維護上，導致不是拒絕就是懷疑或懼怕別人關懷的動機，且矛盾於既期待又怕受傷害的困惑中，於是慢慢地就跟昔日或既有的人際關係採取被動疏離，甚至隔離。

加上單親子女比一般子女更殷切，也更沒安全感，因此父母親的思考及行為模式都會直接的影響子女。

在許多輔導的個案統計中，不難發現很多原本活潑蹦跳的孩子，一旦受到單親事實的打擊後，在無法突破挫折走出陰霾的痛苦時，其壓抑的方式之一就是採鬱悶不樂的沉默，藉用時間來包含自己的憂傷，其實這對於無法或無能力去改變父母親婚姻形式的子女而言，是極度不公平的負荷與承擔。

所以如果你周遭的親友們是單親的話，那麼適逢年節，不妨事前主動積極熱忱地邀請或安排一起過年的提議，讓對方能領受到溫暖的誠意，而非只是應景的敷衍罷了，相對地如果你是單親的話，除了自己原本就有規劃外，不妨以坦蕩蕩及謙虛的心態，來迎接親朋們的善意關懷。

基於不是被憐憫而是對等參與的互惠情況下，也應主動、積極地回應邀請者的誠意，並奉獻自己融入團體中的感動，例如到親朋家過年別忘了帶見面禮，遵守當客人應有的禮節，並在接受邀請後，開始與子女商量計劃及分配合作等事宜，子女若有反對者，則需要耐性與其溝通，千萬不要以父母的權威來強迫孩子，面對陌生或不熟的環境作為難的調適或妥協。

精神重於物質，過個值得回憶的年

如果過節像是過日子的串珠之一顆粒，既不希望珠串落地打散，也不希望被扭曲變形，則健康正常化的心態，幾乎是單親家庭每一成員必須具備的基本條件，唯有自重者人恆重之。

另外很重要的就是如果單親家庭選擇自己過年，則不論地點選擇是國內或國外，室內或室外，準備的年貨是山珍海味抑或是簡餐素食，總之在整個過程氣氛的營造中，家長千萬不要因為少了另一主角而開始將新仇舊恨的怨氣回鍋翻炒，搞得烏煙瘴氣，令子女從此害怕過年團聚。想想，不幸的婚姻對成年人而言已經是種椎心的折磨，又何必讓它變成子女無辜的災難？

過去在窮困的時代裡，過年對於孩子而言，穿新衣、吃雞腿、拿紅包……等物質面的滿足是他們最大的期待，但在今日，則能擁有父母親的關愛、親朋的認同及達到自己的期待……將是他們內心世界深邃的吶喊，對成年人的社會而言，其實是努力就輕而易舉能圓的夢，但卻往往在疏忽中夭折掩埋。

如何讓單親過個值得回憶的年，不再是你家、我家或他家的事，而是我們大家共同的心願！加油！

14. 簡單中的不簡單

千萬不可簡單地以為當家長的角色是可以簡化的，因為當家長，尤其是當位好家長，可說是天下間最不簡單的任務。

「簡單」和「簡化」之間是有所差別的，簡單往往是指對實際狀況在大原則下所作的判斷；而簡化則是在排除不需要的元素後，所作出的冷靜處理。例如流浪漢為了給自己方便可以簡單地席地而臥；抑或野外探索隊，為了長途跋涉的需求，用帳蓬來簡化行動負擔。

年輕人在面對花花世界的一切事物，經常在充滿了好奇、慾望與冒險的驅逐下，不自覺的成了貪婪的掠奪者，總期待生活充滿了變化、更新與刺激。

賭性強者，更深信穿過不安定的冒險通道才能擁有獨霸的成就，事實上這是將生命的價值與生活的意義做了簡單化的思考與詮釋，也因為缺乏深思熟慮，導致讓自己無形中陷入了更複雜的困惑、焦慮與危險的挫折中。

別將現實簡單化

有位未婚媽媽，曾以簡單的思考邏輯，認為只要能把自己的身體和心都奉獻給所愛的男人，那麼對方還有什麼理由不接受她的愛？而當她發現所付出的並不能收到對等的回報時，她又很簡單地自認為是自己失去魅力和新鮮感所致，因此為了要讓男人的心可以安定下來，於是她懷孕並產下一子，期待對家庭負起的責任感能像緊箍咒般地將此男人的頭套牢，並發生作用。

可惜她不但不能如願，反而給男人掉頭就跑的藉口，並陷自己於萬劫不復的痛苦中難以自拔。可見很多複雜的局面反而是因為背後簡單的因素所造成的，因此簡單有時會變成一廂情願的情緒，主觀判斷所造成負面結論與現象。

簡化則不一樣。

曾經輔導過一位因被強暴而不幸懷孕的未婚媽媽，當她無辜的身心必須面對如此殘酷的痛苦與折磨的打擊時，她可以選擇既簡單又直接的自殺方式來毀滅自己，她甚至也可以選擇極端的報復手段去消滅傷害她的對方；可是她很清楚、很理智地思考過，如此一來，不但不能讓自己真正從困境中解脫，更有可能讓自己陷入更複雜的生活狀態，不但於事無補且造成「親痛仇快」的局面，於是她透過專業輔導的協助，平安地產下嬰孩並透過社輔機構安排轉送領養，經過一年，終於在父母家人、親朋好友及老師的協助下撫平傷口，過程中她同時也將自己的人格層次提升了。

給自己一個簡化的生活

生活中不需要的擺設，再簡單仍是有形的枷鎖，唯有真正簡化的生活才能在無形中淨化靈魂的深處。顏回為何能一瓢飲一簞食而樂在其中？無非是他已知生活簡化之三味，所謂：

青山不動自如如，朝暮雲霞任卷舒，縱看紅塵深萬丈，曾無一點到茅廬。

在物慾橫流的時下，真正灑脫的智者們，是應該給自己找到放下和自在定位的時候了。

每逢佳節，身為子女者可以簡化地用張卡片，一分小禮物甚至一個吻或一句：「爸

（媽），我愛你！」來表達感恩之情，但千萬不可簡單地以為當家長的角色是可以簡化的，因為當家長，尤其是當位好家長，可說是天下間最不簡單的任務。

15. 父母也要獨立

當子女成年獨立後，為人父母者不論在心理上或行為上，均應該讓自己也跟著再次獨立起來。

照顧好自己的定義大概就是不斷持續地讓自己生活開心，讓身心獲得滿足，可是很多人將「做自己」與「成就自己」並沒有真正弄清楚，這也是一個自認沒有成就感的人，常連當自己的勇氣都會喪失的原因。

當了廿多年的單親母親，我自認為既不靠男人的胸膛又沒踩著女人的背，而能獨力將三個兒女栽培成人，是種值得驕傲的成就，可是當發現周遭有太多雷同甚至比自己更淒慘的故事時，才發現自己所謂的成就，若不是有子女們的通力配合，又哪來成就可言？

而且再仔細的推敲就會發現，成年人在面對情感的折磨時，已經累積了些生活中的經驗法則，足以作為解套的依據；可是孩子們往往卻只能無力地單向承受，被成年人推擠壓縮到用哭泣與恐懼，來解讀混淆不清的恩怨情仇，與調適順應環境的變遷。

所以當親朋好友在為我喝采時，我總以「是子女成就了自己」來回應，也因為預見到這個盲點，所以當為子女義務性付出的角色告一段落時，更領悟到再做自己的重要性。

做自己，再獨立

不懂得「做自己」的父母親，通常會自滿地沉溺在自己是如何成就了子女的得意中而無法自拔。這樣的父母親看似獨立其實還是依賴性很強，心態上，不是仍存在著子女雖已屆成年，但在他們眼中依舊像嬰兒般的脆弱仍需他們的關照，要不然就是當看到子女能夠照顧自己或其家庭時，居然會產生無名的嫉妒或失落，彷彿自己的成就受到了剝奪與貶值。

其實當子女成年獨立後，為人父母者不論在心理上或行為上，均應該讓自己也跟著再次獨立起來，尤其進入老年階段時更須注意。

因為前半生子女成就了父母，相對地後半生父母應成就子女，只有照顧好自己的父母才能讓子女感到有成就。所以不用花心思去干涉子女的感情世界、不用擔心為他們找工作，甚至張羅他們的婚禮、坐月子、買房子……等。別忘了當父母親的角色變成「顧問」時，只能建議而非掌控。

記得有次跟兒女們聊天，他們問我老了將來有什麼願望沒？我幽幽地說；「希望老了以後能有一筆存款、有一部車、有個司機、有個傭人。」兒女們一時傻愣住了，然後相互面有難色打哈哈的回道：「我們將盡一切努力為滿足媽您的願望而打拚！」

不過話說回來，每個人都有夢想的權利，年老了也不例外。我若能好好照顧自己，而他們也能在照顧自己之餘又能關照到我，那豈不是彼此共同成就了彼此？

Edwin

16. 單親家庭不是廢墟

在台灣離婚率高漲到每十對有四對離婚的今日（註），單親家庭子女的教育問題成了另一個社會關注的問題。

當婚姻生活遇到挫折而面臨分手時，通常除了贍養費、房子、存款等財產分配的權益保障外，子女的歸屬問題幾乎變成最重要的課題。

特殊情形例外（像遺腹子及人工授精），否則一般而言，子女對父母的好感是一致的，但由於照顧孩子的工作通常是落在母親身上為多，加上母親與子女相處的時間也比較長，因此孩子常會表現出對母親感情方面較為依賴，這種情形又以年齡愈小愈明顯。

也因為如此，當夫妻婚姻亮起紅燈時，往往做母親的會在難以割捨的情況下，為爭取撫

註：編按：據新聞報導，近十年台灣的結婚／離婚對數比是40％，二〇〇八年跨國比較顯示，台灣離婚率為亞洲最高、全球第四高的國家。此外台灣二〇一〇年育齡婦女生育率平均為0．91人，也是全球最低。行政院主計處二〇〇六年調查顯示，未滿三歲孩童，有26％交給（外）祖父母及親屬托育，10％交給保母照顧。換言之，有三分之一幼兒，是在遠離父母的狀況下長大的。

養權而掙扎與努力，同樣地也有些母親為了不想便宜了丈夫，儘管在心不甘情不願之下而忍痛放棄。

但不論孩子到底最後歸屬父親或是母親，也不論家庭破裂的形態是出自於分居、離婚或死亡，總之在整個事件的創傷中，孩子所受的傷害及影響最大也最深。

尤其當孩子面對父母離婚的問題，一旦瞭解已是不能改變的事實後，往往會難過傷心地企圖將所有的情感投注在父親或母親一個人身上，還會顯得相當憂鬱、沮喪和恐慌。

而這種面臨父母不能再生活在一起，或是父母其中之一再婚的情形，將會嚴重地損傷到孩子的「自我概念」。

因為他會覺得從此他是個局外人，無法融入這種突變的新模式生活，漸漸地在無法被理解及難以調適的心態下，對生活的一切產生不確定的懷疑，於是走向不良的行為藉以麻醉自己，像逃家、蹺課、吸毒……等。

由於家庭是影響人格發展的重要基地與媒介，所以一個婚姻破碎的家庭，對子女所產生的影響往往負多於正，也因為如此，變成單親後的父親或母親，對於子女的管教上也會隨著生活形態的改變而有所變化，不是變得過分地保護和寵愛就是逃避和排斥。

前者往往是基於內疚而試著用更多的關注來作為補償，而後者則往往是不想多負責任增加負擔的藉口。

撕裂的傷痕終究不能癒合如初，但療傷的心情卻會影響傷口復元過程中的效果，因此單親子女的教育尤需費心。

先給自己做好心理建設

時下有許多離了婚的父母，迷失在如何重為父母的十字路口，因為離婚事件的打擊，像夢魘般因擾著，以致無法用平常心來看一切，並左右了正確的判斷。

似乎在這種久久不能平衡的心態下，為人父母者會產生一種教養子女不再是件充滿希望的快樂使命，而是想擺脫但不知如何自處的負擔。一旦這種心理上障礙不能很快地突破或建設起來的話，則很容易地就會反映及表現在行為上，加深了子女人格發展上的陰影。

失去正常家庭的子女，一般而言最明顯的性格扭曲，就是今非昔比不如人的自卑感的產生，變得十分敏感，而且容易憤怒、退縮、消極甚至自閉的現象，他們設法把自己孤立在預設的灰色世界裡過著自怨自憐的憤世嫉俗生活。

如果這時候為人父或母者，不能以最適當的溫情，理性的開導以及充分的耐性來幫助他們走出這段衝突、矛盾、困惑、恐懼的心路歷程，則將來當他們無法平衡、平靜及平坦地面對社會種種挑戰時，這段過渡時期的性格障礙將是主要因素。

曾經有位因父母婚姻破裂而變成壞女孩的國中生，在恨父怨母長期壓抑的不平衡心態下，為了顯示她是團體中的正常分子，而捲入幫派，從逃家、欺騙、失學、偷竊到吸毒、賣淫，直到最後被捕送入感化院為止，她對自己的所做所為沒有半點內疚或悔意，因為她認為一切的一切錯不在她，而是父母親對不起她。

在她服刑的這段時間，母親不曾中斷對她的關懷，即使她拒絕會面，但她的母親就改用寫日記的方式，每天給她一封充滿溫情、鼓勵的家書。

終於堅韌的母愛，感動了她重新回頭的力量，並重新拾回親情的可貴。

單親父母，絕交不出惡言

單親家庭的子女，因為通常只能在父或母之間作個選擇，一旦決定後很自然就會對生活在一起的父或母產生較多的依賴與需要，而且在其內心世界即使對另一位無法再一起生活的父或母會在內心深處有所懷念，但表面上卻絕不會承認，因為他主觀的想法是，假如愛我怎麼會輕易地放棄我？

因此單親的父或母最好是能基於：「君子絕交不出惡言」的原則，盡量不要在孩子面前數落、辱罵或翻老帳，要讓孩子們瞭解一個破裂的婚姻，只是代表一對夫妻由於某些理由無法適應而必須結束兩性婚姻的責任約束時，他們之間的關係就不再有任何關聯，但父母與子女之間的血緣關係卻是永遠不變的事實，因此不要用仇恨來注視父母之間的關係。

沒有一對父母敢保證其子女未來的婚姻生活絕對幸福美滿，更何況是單親家庭，但至少可以讓他們學習到如何用成熟、平和的方式來解決棘手的情感問題，避免造成其人格發展上的多重傷害。

不要怯於尋求感情第二春

有很多離婚的父母，尤其是女性，往往為了撫養子女的負擔而不敢面對再婚的需求，既怕當不好夫家的繼母，也怕自己的孩子排斥繼父，更怕子女對其再婚的不諒解。

在這種沒有自信又缺乏勇氣的心態下，不是讓感情世界一片荒蕪，就是偷偷摸摸地進行，其實類似這種行為本身就是一種不良的示範。

很多第二次的婚姻情況並不比第一次樂觀的原因，就是因為不曾經由婚姻挫折中的錯誤經驗裡記取教訓，反而讓自己在沒信心與極度缺乏安全感的不平衡狀態中再次翻觔斗。

婚姻破裂給子女所帶來的傷害和影響當然不在話下，但成長的過程，就是必須面對不同層面的生活環境的挑戰與考驗，有時生活本來就是一種無法自由選擇的無奈。由出生到死亡的一連串歲月裡，沒有一個人能為另一個人的命運做主宰，因此與其終日沉溺在已成歷史的廢墟中做無意義的憑弔，還不如勇敢地走出健康的明天。

因此當一位有擔待肯負責的父母，在決定離婚前不妨多花一分心為無辜的子女們設想，一旦離婚了，則要坦誠地讓子女接受這個殘酷的事實及環境的變遷。

不管面對新環境在心境上的適應會有多大的起伏，時間終究是最好的良劑，何況路是人用心走出來的。

17. 給單親家長的六帖涼藥

在面對困難的時候，可以循著這些心理歷程，鼓勵自己，並勇敢地走出陰霾。

時間是治療傷痕最好的良藥，成人及孩子均適用。

在時間換空間的差異中，單親父母必須先克服挫折的情緒化，儘快地讓自己由混亂中平靜過來，因為父母是孩子情緒依附的對象，一旦失去對依賴的信任，孩子就會沒有勇氣去承擔另一次親情割捨的冒險恐慌。

如果是離婚所造成的單親，在離婚後親職的關係會遭到短期間的低潮挑戰，孩子甚至會試著要當父母的和事佬。因為破碎家庭對於有同儕比較的學校生活而言，到底是不願意公開的「家醜」，除非不得已，否則很少孩子會主動提及，深怕被排斥或嘲笑，甚至孤立或貼上標籤。

因此如果離婚是經過相當理性的抉擇，而非為了要對方好看的要脅，則當著孩子的面依舊可以把原來完整的家及另一半當作家常來聊，讓孩子在自在的回憶中重溫天倫之樂，只是可以明確地告訴孩子你和另一半是不會再復合，希望他能瞭解並尊重你的選擇。

走出陰影，給孩子空間

孩子的天性是真情自然的流露，在面對破碎的家庭時，通常無法去了解大人內心世界的複雜問題，對他而言，只是單純的親情思念。

因此與孩子同住的單親家長，最好要培養信心，不要過分擔心孩子會因為前夫或前妻的出現探訪或約定在外見面而怕失去孩子，否則由於你的過分阻撓而讓孩子表面上不敢反抗，但是內心世界會漸漸由遺憾而轉成恨意。

其實要讓孩子能明辨是非，也需要有提供學習的機會，不妨讓孩子去做他自己的主人，而父母親只要愛他、尊重他的選擇即可。

我曾輔導過一個類似情形的個案，最後孩子又回到他母親的身邊，理由是：「沒有爸爸的時候，我好想他，可是跟他在一起時候，我更想媽媽！」

通常單親家庭在婚變的過程，往往留給孩子的是一幕幕惡言相向，甚至拳打腳踢的暴力場面，以後可能會影響到孩子成年後下意識裡的學習模式反映。但相對地，也有很多單親孩子從父母身上獲得教訓的經驗，而作為自己婚姻的借鏡，不再重蹈覆轍，這或許是有其一體兩面的價值吧！

給單親家長的建議

如果單親已成定局，在面對子女的心態輔導上，不論孩子的表現是無法接受的強烈反彈還是沉靜孤歡的默認。在他們的內心世界裡受到的創痛不是大人能夠體會的，而在抽痛中不安全的恐懼感由夢魘、抽泣、封閉、胃口減低、不耐煩、不專心……等頻頻出現的狀態中即可窺見一斑。

綜合以往的輔導經驗，建議單親家長至少要做到以下六點：

第一點、**要接受現實的挫折**，同時讓孩子跟大人一起面對這個事實。要有即使當不了夫妻至少也可以當朋友，否則也要避免當敵人。

第二點、**不要放縱個人的情緒**，列出一張療傷的時間表，冷靜地沉思你的煩惱、不快樂，要花多少時間得以紓解或釋放，人不能一直沉溺在負面的情緒中。尤其莫寄予酗酒或毒品等當慰藉。

第三點、**要確定未來的目標**，並運用可以獲得的支援網絡，不要害怕尋求援助。

一個人在變成單親之後，將來要怎麼走下去，大人如果沒有個譜，小孩子更不知道該怎麼辦。所以遇到困難時尋求各方支援很重要，包括參加政府社福機構個人及團體的諮商輔導及尋求親戚朋友的幫忙。讓自己能在最短時間內先站起來是個重要指標。

第四點、**要建立家庭成員共同合作的信心**。家變之後，大人有痛苦與壓力，但小孩也會有不安與挫折感，在這樣的情況下，因為失敗者很容易失去信心，此時家人能一起團結振作才能突破家變的危機。

當家變發生時，如果這個家還要運作下去，每個人都要負起責任，而不是小孩子怨懟父母，或者大人老覺得：「都是為了你們小孩，否則我就不必這麼歹命……」，家庭成員要開始建立信心，為重建家園努力。

第五點、**千萬別拿子女當婚姻失敗的祭品或戰利品**，在孩子成長的過程中，一定要用愛來灌溉親情，但也要懂得尊重孩子對父母親離婚的判斷與選擇，「生得了兒身繫不了兒身」，該放手的時候就得灑脫些，別作繭自縛反而自取其辱。

第六點、**一定要多愛自己**。一旦兒女長大成人後，一定要發揮活到老學到老的精神與潛能，只有長進的父母才能真正擁有子女由衷的尊敬，也因擁有自己的天空，才不會變成或造成兒女們的累贅。

在面對困難的時候，可以循著這些心理歷程，鼓勵自己，勇敢地走出陰霾。唯有樂觀、積極、對未來充滿信心的家長才能帶給孩子做人處事方面正確示範。也給自己預訂了快樂晚年的座位。

兒子…
什麼事？
你能告訴我在外鬼混和在家裡之間最大的差別？
你沒興趣知道的！
誰說的，可以讓我多了解你們年輕人想法
好吧！在外不安全但快樂
在家安全但不快樂
Edwin

18. 願意改變，才能改變

探討過去是為了從經驗中學習，而非要過去的錯誤替今日的不幸背書。

心理諮商者本身除了專業與敬業外，有一重要原則是必須取得求助者（受諮商者）彼此間的信任，當事人其本身願意接受選擇做改變，而這個改變是基於我要的「Wants」選擇與努力，只要有決心與堅持，經過一段時間後就可看到改變的成果，而其中最明顯的將是當事人其人際關係的改善。

如果一個人感到挫折，不論是為何而挫折，如果他一直沉溺在探討過去造成今日挫折感原因的話，那麼他將會持續地挫折下去且行為也會一再犯同樣的錯，探討過去是為了從經驗中學習，而非要過去的錯誤替今日的不幸背書。

經歷大屠殺、集中營的猶太人如何走出陰霾，被強暴輪姦的女性如何生活下去，沒有一個人從出生到死亡，漫長的成長空間及多元人際關係角色的扮演中，不會遇到困難、矛盾、衝突和挫折的，而從任何困境的壓力中紓解轉換成新的力量，「信任」是很重要的，它包含著實質的互動關係及無形的責任承諾，因此信任不止是時間的檢驗，而更是正確的心態。

信任包括對自己和對別人，很多因為遭到挫折失敗後就封閉了自己採取不再信任，其實信任本身就是種「愛」的鼓勵，當你不敢愛、不想愛、不能愛時，也就表示你對所有的人類，不論是親近的、陌生的甚至是討厭、歧視或憎恨的人展開了不信任的態度，而態度是會反映在行為上的。

為什麼我們經常會說：「早知今日，何必當初？」事實上，沒有太多人是真正有遠見或能預測的，尤其對兒童或青少年而言，但假設你能自信的給自己做「正面」性的選擇，即使這個選擇的結果未必是滿意的，但至少你可以肯定自己有能力能為自己所做的選擇負責任，在輔導家庭婚姻問題的個案過程中，最棘手的並非個案的背景，也非個案內容的複雜性，往往是因為個案的心態而受影響。

勇敢放下，人生才有契機

曾經有個婚姻外遇問題的個案，夫妻同時接受輔導，丈夫願意選擇「昨日種種猶如今日死，今日種種猶如明日生」的態度，面對現實並接受治療與輔導，可是妻子卻站在「今日悔改的保證並非明日不會再犯的萬靈丹」，她活在心情好就不在意，但只要情緒差就翻老帳的行為模式。

剛開始丈夫可以用同理心去理解妻子對自己曾犯錯的芥蒂，而十分諒解地儘量不去刺激對方，且用實際行動來配合妻子的要求，期望再度表示他的忠誠。但由於妻子的心態上一直無法調適和忘懷，因此當一方試著努力去爭取對方的信任與好感，而另一方卻回報以理應贖罪、嘲諷和挖瘡疤、數舊帳的情況時，久而久之，當丈夫不認為他的努力是無法重新獲得信任時，他也許不會馬上放棄婚姻，但相對地，他也不再相信妻子對他的信任。

這個個案的結局是，在經歷一段不算短的時間考驗後，他們還是選擇了離婚，而這位丈夫至今尚未再婚，跟著一對兒女過得很自在，反而妻子雖然也未再婚，但由於心態一直沒變，導致在「一朝被蛇咬，十年怕草繩」的矛盾與不安的心理壓力下，活在自怨自艾、無病呻吟的不自信中，終成了典型不懂得愛自己，也不相信別人有能力愛的迷思中。

這不是個替男性或外遇對象找藉口的故事（因為外遇非男性特權），也非完全否定過去是今日的因果論，而是如何在面對現實的挑戰與考驗時，一旦過去的不幸或挫折均已塵封，而展望未來才是真正有希望的作為，因此過分緬懷過去只會無意間更加深今日卻步的沉淪罷了，相信今日做得到，明日一定會更好。

第三篇
多元家庭的親職挑戰

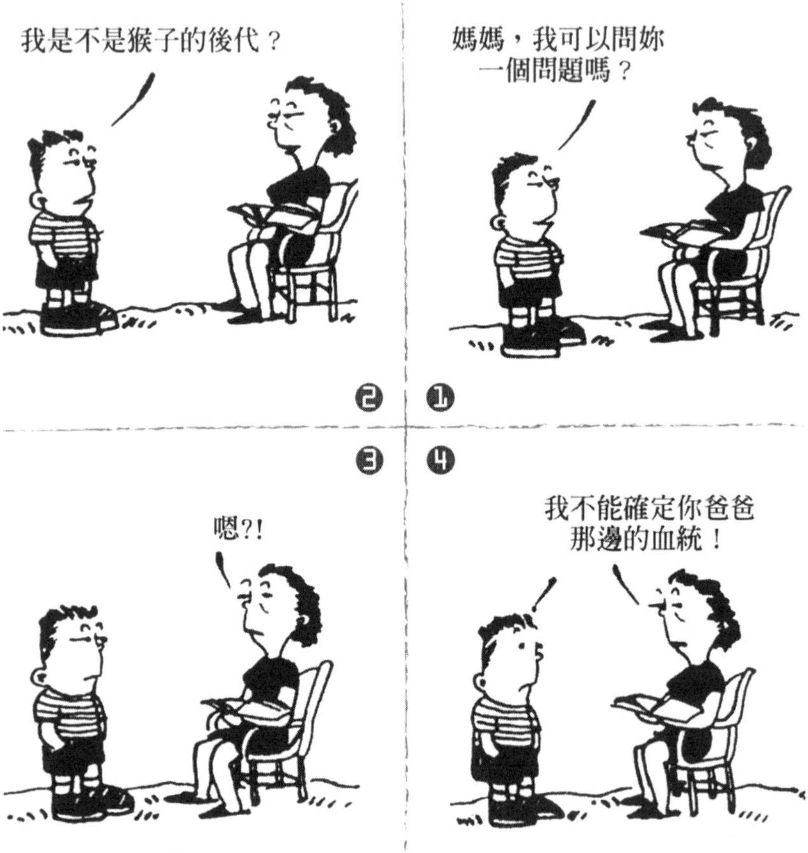
媽媽，我可以問妳
一個問題嗎？
我是不是猴子的後代？
嗯?!
我不能確定你爸爸
那邊的血統！

Edwin

1. 同性的愛，無原罪

其實人類的傲慢與偏見，有很大部分是來自對世間人、事和物的刻板印象與成見的執著。而其中又以因資訊取得的不易，不完整性，及普遍化的前提下，很多時候正確或正當的事實與真相，反而無法獲得認同，導致道聽塗說的謠言或抹黑，反而被合理化。甚至淪為假道學，或扛著正義的化身下，讓無辜者成為代罪羔羊。

如此一來，含冤莫白的受害者們，因長期困陷在被扭曲、誤解、鄙視和遺棄的深淵與陷阱中，不但身心俱疲且痛苦不堪。更有不少人就在無法抽身與釋懷之下，不是選擇逃避而無奈地活在鬱鬱寡歡中，就是激烈地用憤世嫉俗的態度，選擇墮落或自殘來向社會大眾作為無言的抗議。

社會上早已充滿了太多，類似由於自己或集體的不自覺和缺乏內省能力，以致造成了「我雖不殺伯仁但伯仁卻因我而死」的遺憾事件。但仍有人依舊理直氣壯地，不必對自己錯誤的觀念或失衡及欠公允的行為，對受傷害的個人或已付出太多代價的社會，負任何法律或道義上的責任。

而偏偏這種人反因為樂在群體中興風作浪，所以很容易地就能在凝聚的氛圍中傳播其感染力。而且往往懂得抓住人性的弱點，乘機煽動並刻意擴大事端，且深信愈是激進，可能獲得認同和取暖的機會就會愈多。

一旦浸淫在這種封閉、偏見和歧視的長期迷思裡，常為了固執己見，還會不吝地影響媒體來合理化其謬論。利用偽君子面具的加持而爭取更多人的支持。

很多人都知道《聖經》上有一則很經典的記載；一群當街群聚的眾人們，不知是出於鄙視還是洩憤，或者只是好奇跟著湊熱鬧罷了，圍觀並對一位不貞的婦女扔石頭。當眾人把石頭紛紛丟向那位婦女的身上時，唯獨耶穌基督獨排眾議且挺身而出地說道：「若你們當中有那一位自認為自己是無罪者，就繼續丟吧！」結果一語驚醒夢中人。而眾人在一陣錯愕下，紛紛訕訕然地散去……

在近代人類的文明史上；這種社會集體「霸凌」，違反人權與歧視的現象，依舊不斷地在日常生活中發生。除了來自歷史的教訓；像世代強權的交替與國際性的政治紛爭外，其中最嚴重的，牽涉到違反個人的人格與性別尊嚴的事情，前者有麻瘋病等，而後者則以對於愛滋病者的恐懼、排斥和歧視之態度莫屬了，且恐同者還經常在混淆中合理化地將愛滋病和同性戀者劃上等號，可說是跨世紀最大的諷刺！

由於這種對愛滋病（簡稱 AIDS）一知半解的錯誤與荒謬的觀念，即使人類已進入高度科技與醫療同時俱進的當下，仍舊還是被多數民眾存疑、恐懼著。

事實上，必須同時符合以下三個條件，愛滋病毒才可由受感染者傳給別人。

一、皮膚或黏膜上的缺口

二、帶有病毒的體液交換

三、病毒的數量／濃度（體液中以血液、精液及陰道分泌的愛滋病毒濃度最高）

其實愛滋病毒是相當脆弱的，它必須在活體的細胞中才得以生存，若是離開人體，很快就失去其複製能力。這時候要再傳染給別人的機會便相當的低。

所以，**愛滋病是不會經由空氣或飲食傳染，也不會經由日常生活接觸而感染的**。也就是說一般人若與愛滋病感染者一起進食、游泳、握手、擁抱，甚至蚊蟲叮咬等，都是不會感染愛滋病毒的。

記一位小愛滋患者

記得是一九九四年的某一天。坐在辦公室的我，突然接到澎湖縣長高植澎親自打來的電話；他本是位無黨派的行醫者，十分年輕而有為。

有鑑於希望能改變澎湖落後的醫療品質與不均的資源分配，於是在獲得當時的在野黨（民進黨）提名與全力支持下，在大家都不看好的情況下，他以「初生之犢不畏虎」的精神全力以赴，終於問鼎了縣長大位。

他在電話中表示他遇到了些麻煩，希望我這位當時具有社福背景又帶有公信力的名人能飛往澎湖去協助他。

原來台灣的第一位愛滋患者竟出現在澎湖；而對象是位因車禍輸血而受到感染的國中生。高植澎本身是醫生，所以瞭解愛滋病毒的由來。但對當時民情保守又封閉的村民而言，簡直無法接受這種彷如晴天霹靂的噩耗，且恐慌程度出乎意外。

我當然樂意且立刻飛往支援，但儘管高縣長當著大量媒體與村民面前，公開擁抱這個感染的孩子並陪他上學，但終不敵班上同學的排斥，且家長及老師們仍主張採用轉校隔離的手段來處理這個事件。最終使得這個無辜的孩子，無法立足在自己的故鄉，只好移居台灣，並隱姓埋名才得以繼續安然求學。

之後，在回程的機上，眺望窗外萬里晴空，載著飄飄然不染塵埃的雲霧，但我內心沈甸甸的悲哀，卻如大石般直墜落地。

預防愛滋的方法

所謂「防範重於治療」，因此預防愛滋病，可以從病毒的傳染途徑來著手。例如；

1. 性行為方面要以固定且單一性伴侶為主，並在性行為前先瞭解對方的性健康狀況，而且在性行為時，全程應正確地使用保險套。
2. 針對血液交換部分，則要維持個人良好的衛生習慣。盡量不要和別人共用牙刷、刮鬍刀或皮膚穿刺工具，諸如：穿耳洞、刺青等。而針頭及針筒等物品也要避免共同使用。
3. 至於母子的感染，若女性已經受到病毒感染，性行為時應立刻採取避孕措施，而若已懷孕者則應儘早接受治療，以免傳染給無辜的胎兒。

4.對於青少年而言，更應學會珍惜自己，尊重自己，保護自己，莫讓愛滋找上門來。而又以避免性行為才是預防愛滋病最好的方法。

對很多為人父母者，恐怕自己本身對 AIDS 方面的正確知識也有限。因此順便在此提醒家長與子女們，如何才算是安全的性行為？

一、性交時全程使用保險套是唯一能有效避免愛滋病和其他性傳染病的方法。

二、口交時使用保險套，是提供額外的保護，使精液不會吞嚥下去或因口中有傷口而感染。

三、相互愛撫或手淫時，只要無傷口、潰瘍，就不會交換體液。

四、按摩時按摩油會損傷保險套，因此按摩後務須洗手，再戴上保險套。

五、親吻、摟抱、手指撥弄、齒咬、輕撫、舔舐和互相餵食等具有挑逗意味的時候，請把保險套準備好，以備不時之需。

六、如果你有使用潤滑劑的習慣者，則要確定選用水性的潤滑油。

愛滋病不僅是國內十大傳染病之一，而且全世界感染者已超過數千萬人。光以中國河南一省，依據國際醫學界估計，河南地區的 VIH 呈陽性者（即愛滋病毒感染者）人數至少達一百五十萬人以上，而且此數字已經沒有人懷疑。

讓這麼多患者集體感染愛滋病毒的真正原因是什麼？據專家的追蹤研究發現，自九〇年代開始，中國大陸農村因為生活困難，許多農民都在官方血液收集中心賣血，成為廉價血牛，來換取微薄的生活費用。不幸地由於針頭感染，導致所有賣血的人都成了愛滋病患者。

愛滋病固然可怕，因為至今仍無法完全治癒。但人活在世間終究難免一死，因此更可怕的其實是由於我們的無知，所造成的過度恐懼與排斥。難怪有不少世界各類的人權與人道組織紛紛相繼地吶喊出：「愛滋當前人人平等」的口號。唯有我們能主動積極地去關懷、接納，陪伴和協助他們，才能使大家共同攜手走出愛滋陰影的時代。

Edwin

2. 包容同性戀的孩子

《風雨後彩虹——一同志家庭實錄》的作者anonymous在其書中就明白地道出：「同性戀是人類的一種自然現象。」雖然同性戀傾向的成因仍有爭議，但已有科學證明性傾向是天生而非來自遺傳。

事實上，同性戀者存在於各種職業、宗教、國籍和種族的人群中，就像異性戀者一般。而每位同性戀者也都是獨一無二的自主個體，他們彼此各不相同，他們以不同的方式來確定自己的性身分。

曾經有對本身從事教育工作的家長，當家中唯一的男孩子向其坦承自己是位同性戀者時，夫妻雙人幾乎當場崩潰了！

事後他們夫婦同時經歷過了，震驚、牴觸、否認、憤怒、愧疚和失落的各種痛苦歷程，後來因為不想斷絕親子關係，除了接受相當漫長的多方心理輔導，再藉著部分既有的宗教力量，以及痛定思痛後嘗試化悲憤為力量等心態上的自我調適，才慢慢轉化。

他們夫妻更鼓勵彼此一起學習如何先儘量摒除成見，然後才有辦法冷靜地思考，只有願意用客觀的態度，才能有勇氣投入兒子的真實生活領域裡。

也因為有了如此建設性的積極行動，才能獲得更深層對同性戀者內心世界的觀望、瞭解、理解與分享的溝通與交流的機會。終於漸漸地可以企圖，去擺脫那分對來自社會及親朋好友們異樣眼光的恐懼。也慢慢地學會能夠真正地敞開心胸，來接受這分剛開始對他們而言，簡直是既殘酷又詭異但卻又無從找到答案或釋懷的命運作弄。

我還記得他們在接受輔導的過程中，曾經問我一個較個人且帶些尖銳的假設性問題：「黃老師！假如今天的情況是發生在妳的兒子身上，妳還能像現在勸我們般地，用接受事實這四個字輕鬆帶過嗎？」

「那當然！」我毫不猶豫地回道。

因為當子女翅膀長大了，他（她）要飛，想要怎麼飛或飛向那裡？絕不是靠父母親給他們建造更堅固的鐵籠子來掌控，或乾脆折斷其翼，令他飛不遠就行得通的。

我完全不介意他們因人處在焦慮中，所提出問題的針對性且帶有多少個人的情緒；或許是因為我個人的職業關係，較早也較有機會去瞭解到同性戀到底是怎麼一回事。

同性戀不是原罪

其實「同性戀」（homosexual）一詞的由來是由匈牙利的卡爾．瑪利亞．克本尼（Karl-Maria Kertbeny）醫生，於一八六九年第一次使用它，而如今世界各地的各種語言也均紛紛採用此詞。

同性戀的發展史對同性戀者而言，無異是悲哀多於喜悅的性身分的人權奮鬥史；因為同性戀者通常在很小的時候就有感覺異於他人的敏銳度。但礙於社會、家庭及個人對同性戀的普遍誤解，排斥和恐懼的生活環境下。

因此他們除了對自己的性傾向深感不安、自卑，甚至自我排斥外，更背負著害怕自己的身分一旦曝光，則必須由自己去獨扛完全沒有把握的未來和應變之能力。另外更擔心的是從此親情、友情與愛情的親密關係會一夕瓦解並化為烏有。

在這種不敢說實話及表白身分之原罪下，使得同性戀者因長期壓抑而得了憂鬱症的比例相當高。其內心的痛苦與外在情緒起伏，幾乎不斷地在掙扎、矛盾與衝突、干擾中。身心煎熬的程度更非一般人可以領會的。

尤其是中國，在一脈相承的既傳統又刻板的舊禮教中，夾雜著各種各樣的歷史問題，導致「同性戀」一詞不但被蒙上了歧視與仇恨，更藉由上至帝王下至平民百姓的封建與迷思，全然地將其生存權給缺名化了。

幸虧隨著社會的進步，人類自我認知的發展以及自我實現的追求，同性戀它所代表的情感是自然和純潔的概念，已慢慢地開始在科學研究與人們生活中萌芽並獲得了驗證；如今發現有愈來愈多屬於同性戀者的基本權益，漸被重視與獲得支持。對同性戀存在的事實與生命價值的接受，在多元開放的社會已呈現出了友善的態度，且認同感愈來愈普及化。

而同性戀者指的就是在性方面受到同性的吸引，這與異性戀者為異性所吸引都一樣。因為均是發自個人內心深處最根本的情感需要。完全不應受到不公平的對待。

自二〇〇一年荷蘭成為全球第一個承認同性婚姻的國家之後，比利時也在二〇〇三年跟進，接著西班牙及加拿大也於二〇〇五宣佈承認，南非於二〇〇六年，瑞典與挪威則分別在二〇〇九年宣佈，而葡萄牙也在二〇一〇年相繼通過了同性婚姻合法的法例。即使在二〇〇七年間仍將同性戀視為犯罪的尼泊爾，也變成了亞洲第一個承認同性婚姻的國家。且當地政府正打算將位在尼泊爾全球最高的珠穆朗瑪峰，打造成為世界同性戀者舉行婚禮的旅遊勝地。

更令人興奮的同性婚姻消息，一則是冰島的議會在二〇一〇年的當地時間六月十一日以全票贊成通過同性婚姻合法，將原本婚姻限定為一男一女的結合條件修訂為不論性別的兩人，使得該國成為全球第九個承認同性婚姻合法的國家。二則該法於同年六月二十七日正式生效之日，該冰島的女總理立即與同居多年的同性伴侶註冊結為「夫妻」。

承認同性戀婚姻，將會是一個民主且先進的國家，最佳的人權指標。

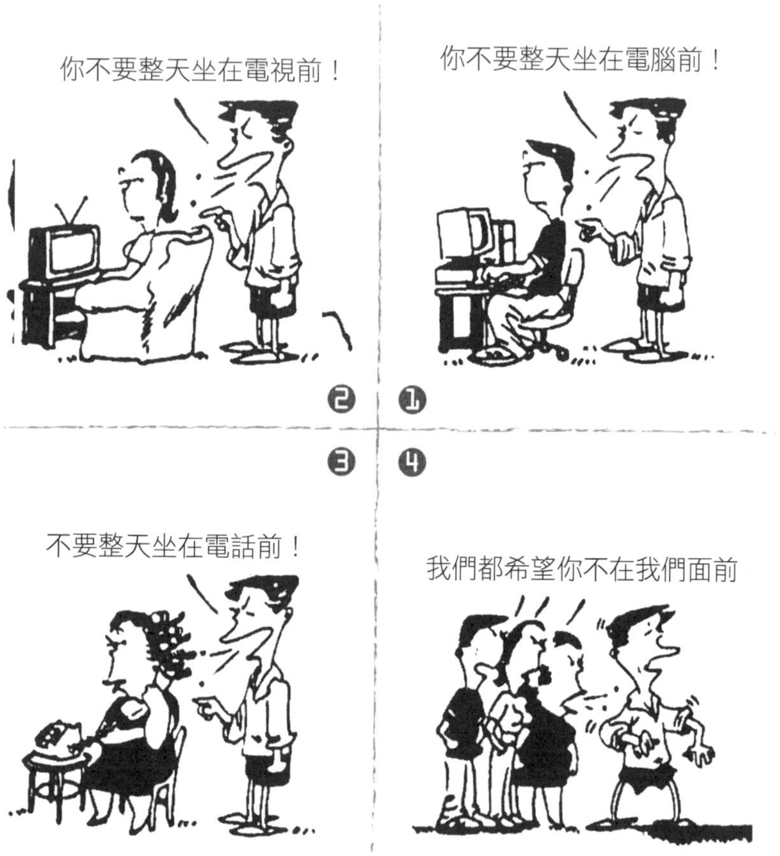
你不要整天坐在電腦前！
你不要整天坐在電視前！
不要整天坐在電話前！
我們都希望你不在我們面前

Edwin

3. 兩個媽媽不奇怪

人性是相通的。同性伴侶一旦成為合法夫妻後，通常也會像許多異性夫妻一樣，希望在有婚姻關係的家庭裡，擁有屬於他們自己的小孩。因此有的不是是透過代理孕母，就是利用領養的方式來完成為人父母者的心願。

在常態下多數的異性婚姻中，其父母角色的扮演，以及孩子對親職上角色互動的認知。姑且不論其父母親的表現是否適任，但至少對孩子本身而言，從小孩到成年的生活空間，既毋須太費神去理解，更用不著為任何複雜的家庭背景作交代（包括像未婚生子、單親、繼父母，甚至祖父母的隔代教養等不同的婚姻狀況），因為他們可以很明確地分辨出，父親是由男性而母親則是由女性，來分別擔綱父親和母親的頭銜與職責。

可是對於身為同性戀的父母親而言，要如何去面對日漸懂事卻又無法不好奇自己身世的子女？縱使不是任由其自己去發覺，但也一定會有周遭的同學，不經意或刻意地去問及這個將傷透腦筋的核心問題。

那就是：為什麼每個同學都有一個爸爸和一個媽媽，唯獨他擁有的兩個竟然都是爸爸，要不然就都是媽媽？

孩子的同儕壓力

孩子在成長的過程中，扣除睡覺外的時間，其實花在學校的時間最久。因此同儕對其影響力也最大。況且從托兒所，幼稚園，小學到中學，學生家長會的組織都是存在的。要想瞞天過海或置之不理幾乎是做不到的；在學校裡好事和好造謠的家長也從來是不缺席的。更何況，當有的教師本身對同性戀者都存有成見時，同性戀者的子女們，恐怕接受不友善之環境的挑戰，才要開始。

通常對於女同性戀者，是以「蕾絲邊」（lesbian）來隱諭其身分，而較男性化的女同性戀者也會用「湯包」（tom boy）形容之。至於男同性戀者則一概以 gay 來統稱。

● 真實案例一：（人物全是化名）

莎莉和貝琪是對老紐約客的女同性戀者。當她們從認識，戀愛到試婚同居，多年來彼此也曾經歷了所有情侶們分分合合的戲碼與過程。但最後仍決定正式結婚，就在婚後的第五年，她們同意要由莎莉接受作為代理孕母，並順利和健康地產下一名男嬰。

本來是件圓滿的結局，但由於原本貝琪期待的是女兒，這個結果與在情感的認同上是有相當的落差，可是為了不傷莎莉的心，貝琪表面上雖然也接受了擁有的是兒子的事實，但私底下卻刻意地經常以疏忽的行為來否定男嬰的存在，甚至不想去觸摸，擁抱和親吻他。

久而久之這種不合情理又令人起疑竇的現象，終於引起了莎莉的關注與不滿。她實在無法接受，當時比她更希望能擁有自己孩子的人是貝琪，而如今有懊悔與負面情緒的竟然也是她。可是當她氣不過之下，打算以把男嬰出養的方式來刺探貝琪時，貝琪卻又萬般不捨，甚至跪下求情。總之矛盾與衝突不斷，眼看她們的婚姻就要出狀況了。在經過心理醫師的剖析與諮商後，發現問題的癥結似乎與貝琪在青少年時，遭受到不人道的對待，與難以磨滅的痛苦經驗有相當的關聯。

其實貝琪從小就已經知道自己喜愛的是女生而非男生，但不幸的是，她秀麗的外表卻無端且不斷地會為她招引男性們的覬覦和作弄；即使她也曾竭力地嘗試向對方坦承並清楚地說明自己是個女同性戀者，既對男性沒興趣更遑論要發生類似親密或性行為的意願；但她的告白通常不僅得不到尊重，反而被誤解是小女性的害羞、矜持或扭捏作態，甚至是以進為退的手段和藉口罷了。

不幸的事就發生在高中畢業前，在一位男同學家舉行的派對裡，她在不疑有他的情況下被其中一位男同學誘拐到書房，並在被下迷藥灌醉後由幾位男同學給輪番蹂躪和強暴了。

眼看畢業典禮在即，加上又無具體證據和證人之下，校方選擇了掩蓋消息且草率了事。中風臥病在床的母親無濟於事，而一向對女兒是女同性戀者頗不以為然的繼父，更以一副幸災樂禍的態度嘲諷之。當貝琪在遭受此災難後，才赫然發現自己是孤獨而無助的。最可惡的是這群惡質的加暴者，竟然還大剌剌地跟其他同學們，毫不避諱地分享著與女同性戀者上床的心得。

精神幾近崩潰的貝琪，終於在已忍無可忍的情況下，選擇背起行李離開了家鄉。

到了紐約大都會後，她雖然努力工作了兩年，再以優秀成績獲得獎學金，並完成了大學學業。但午夜夢迴；這段不堪回首的陳年往事始終是她內心深處無法撫平的創傷與椎心之痛。而世上的男人無一倖免地，在她心中都是無法信任且最骯髒齷齪的豬與惡魔，這種根深蒂固的成見無形中已成了她永生的怨咒。

因此她根本無法想像自己將要如何面對，這位個頭雖小但性別確實是男生的陌生男性？

更何況還要當他的父母親且朝夕相處？

貝琪在獲得莎莉全盤的諒解與無比耐性的愛心包容下，終於重新找到了身、心、靈救贖的機會。如今她不但是兒子的好父親，也是莎莉口中讚不絕口的最稱職的監護人。因此諸如一般同性戀的父母親所擔心的，不知道該如何來回應童言無忌的種種古怪和刁難的問題，她如何處理？

貝琪她似乎早已胸有成竹且得意地說：將來若有那麼一天，會在兒子還來不及問她問題之前，她就會搶先告訴他說：「孩子！請記住！在這個多元化，多變化的世界裡，任何事情都有可能發生。凡事自己都要有獨立思考的判斷力，千萬不要大驚小怪或完全被別人所影響。」

「天下為人父母親角色的重點不在於性別和數目，最重要的價值是在於，為人父母者能給子女多好品質的愛。」

● 真實案例二

我的一對老友，善與強（均是化名）都是男同性戀者，強是加拿大人而善則是亞洲移民並已獲得加拿大籍身分。雖然他們均被自己的同性戀人背叛過，但卻從未放棄對真愛的追求。

強和善是一對相差十五歲的老少配戀人。善的工作是程式設計師，而強則是資深的卡車司機，他們是在網路上認識的。

從戀愛到同居也有好幾年了，但他們到目前為止也是無結婚打算，雖只選擇了同居，但卻又合資買了一間在郊區相當別緻的公寓房子。記得有一年我到他們家過感恩節（Thanksgiving Day），雖然加拿大不像美國那麼地重視感恩節，但他們仍在新居中隆重地款待好友，尤其是來自遠方台灣的我。

曾有位畫廊的主人對我說過，據他個人多年的經驗與觀察，他發現許多同性戀者性格上都具備敏感的觀察力和敏銳度，加上愛好自由及天馬行空的幻想作風，常是帶給他們抽象的藝術創作和無拘束的繽紛風格的動力。

果真善與強的家佈置得典雅中不失時代感，參觀下來令人在驚艷中不得不佩服上帝賜給他們的特殊才華。當天他們還邀請了好幾對男同性戀者，都是在各行各業中表現傑出者；他們一致對台灣及亞洲同性戀者的發展經過，和性身分人權奮鬥的事蹟十分好奇而感興趣；而當分享他們曾處在一九八〇左右的那個年代，是如何普遍遭受到歧視、不公平，甚至暴力相向的種種負面回憶時，在座者均感不勝唏噓。

當他們知道多年來我是如何默默地在替台灣男女同志們爭取權益，都感到非常感動。我在十多年前就參加了台灣第一對同性戀者的婚禮；並要求性病防治中心主動追蹤愛滋病帶原者，到校園宣傳使用保險套的安全與重要性；開公聽會要求校園不得霸凌同性戀學生；並曾因受同性戀導演之託而親自登門拜訪新聞局長；商請准予開放同志電影及宣傳海報；更透過立委要求警政單位不得在無理由、無預警下，任意搜查或關閉同性戀的聚會場所等。

事後，除了遭到不少反同性戀者的朋友的批判與指責外，甚至公開嗆聲不再支持或捐款給我創辦的公益團體者更大有人在，但這樣仍無法讓我退縮。這群異國的同性戀朋友們聽完我的片段回憶後，感動得全體肅立敬酒，還熱情地為我鼓掌致意。

所有崎嶇荊棘的路不都是歷經無懼的勇往直前後，才能見到希望與光明嗎？

於是我乘機好奇地問了他們幾個較敏感的問題，並坦承我與他們此次面談的內容，如果同意的話將會寫進我的書中，以供讀者參考；他們幾對均欣然同意了。

我的第一個問題是，為什麼同性戀者選擇同居替代結婚的比率比雙性戀者高很多？據他們個人所知的原因是有那些因素的存在？

第二個問題是同性戀者會想當父母親？若有了孩子，他們親職間最擔心的會是遇到什麼樣的問題？舉例像是否會擔心孩子長大了也會變成同性戀者？

第三個問題則是以他們本身是同性戀者，希望給同性戀的為人父母者角色扮演上的建議？

對於以上的總結，大致上他們雖然不能代表全部同性戀者發言，但至少他們的年紀含括了老、中、青三代，他們的看法仍有參考價值。

他們認為多數選擇不婚或不想為人父母者，其實跟性身分沒有太大區別。除了因找不到或等不到對象的機會和能力因素考量外，很多同性戀者從小就是處在一個不被重視或刻意疏忽，甚至隨時都在等著出糗和被人看笑話的生活小圈圈中，因此對人生規劃、工作生涯及生活形態等的想法，與其說是擁有較個人主義的色彩，不如說部分是建立在比較自私、自保與自求多福的危機意識上。

況且人性的弱點之一就是永遠在追求得不到的，一旦想望變成隨時可得時，渴求的慾望便會遞減，而思慮反而呈多面性，不再過分執著。其中更包括了同性戀的婚姻合法與子女的領養。

至於近幾年來同性戀者的性身分愈來愈受到認同與尊重，除了歸功其個人與團體長期來的努力、爭取、立法外，負責社會寓教於樂的媒體環境也在進步中，並做了不少足以改變人類對同性戀的歧視與成見的媒介工作。

像美國知名喜劇演員Ellen Lee DeGeneres（艾倫狄珍妮），十多年前就被影射是蕾絲邊，於是她在一九九七年乾脆勇敢在歐普拉的節目上公開出櫃。才華洋溢的她，不但沒有事業崩盤，反而成為家喻戶曉最受歡迎的同性戀節目主持人。

在座幾位受訪者對於生孕或領養孩子一事，都坦承，希望能自由無拘束地享受擁有目前的快樂人生；且在他們的生命旅程中，都已切身感受到同性戀者在某層面的悲哀與無奈，因此不想讓孩子在後天上，因受其影響而長大也變成同性戀者。

他們也以嘲諷方式表達另一個顧忌，以現在的全球經濟通膨和工作的不穩與不確定的情況下，養活自己和寵物都乏力了，何況是延續生命的重大工程及社會責任的養兒育女。

最後，想給同性戀父母者什麼忠告呢？

他們一致認為，即使時代在變遷，而社會觀念也愈來愈開放，但同性戀者要為人父母者仍需要注意；

1.自己先要有健康的心理建設、正面思考、穩定工作與收入，且意志堅定方可為之。

2.要付出更多的心力而且不能孤立，積極主動多與社區及人群互動與溝通更是必要。

3.要學習如何運用相關社會資源的常識與管道，與學校老師保持友好的聯繫，能減少孩子在校園同儕間人際關係的摩擦或衝突。

4.俗話說「父母不嫌子女醜，而子女不嫌父母窮」，要盡力做到瞭解孩子心中真正的想法，理解他們將會受到的委屈，包容他們情緒扭曲之所在。最終要做到以擁有彼此而驕傲。

5.有信心堅強的父母，孩子才有安全感。對成熟和有智慧的孩子而言，這些都不是真正困惑的問題。因此當孩子們對自己的身世，和為何同時擁有兩個爸爸或媽媽的問題質疑時，不妨告訴他們，有時人生是不需理由的，就像為何是雙親或單親一樣；不論家庭組織與成員的結構如何變化，都只是生活的一部分而非生命的全部。何況生命的核心價值則在於超越環境與自己。

6.一旦同性戀者在扮演為人父母角色時，不妨多鼓勵自己，一切要以平常心看待。更不用因為他人的異樣眼光或挑釁而自亂陣腳。也無須為討好而委屈求全或矯枉過正。

期盼在未來的社會，兩個爸爸或媽媽，將不會被人視為是一種異常的風景。

4. 外籍父母的挑戰

根據官方及民間學術界的研究報告中，自一九八〇年開始，明顯地，台灣跨國婚姻的情況大幅增加。主要有幾個因素，其中包括了政府對南向政策的推動，針對東協等國家的投資與發展幅度增加，以及政府針對國人企業及個體的需要分別開放了外勞進口等等。

如此一來，不但有助於企業體的國際競爭生產力，也解決了部分家庭看護的困境。同時在挹注了更多異國人文風情的交流下，也讓國人有機會打開視野，接受不同人種與文化、由異國帶來的文化衝擊與適應，並彼此相互學習、成長。

再加上近年來，國內性別比例逐漸上升，女性不但經濟能自主且收入並不亞於男性。而且仍有不少現代女性，尚存有傳統刻板觀念，不願委屈「下嫁」經濟情況比自己差的對象之迷思下，使得台灣男性在無法尋找到適當結婚對象時，漸漸地嘗試到東南亞、中國找伴侶。

不論是經過自由戀愛或是由專業媒介，國內外籍配偶人數正不斷增加中，而台灣儼然已成為一個多元化的小型移民社會。

千里姻緣的甘苦

移民政策是關係到國家整體性的議題，而跨國婚姻通常則是個人自家的主張。用「千里姻緣一線牽」來形容跨國婚姻，再恰當不過了。遠距的愛情恐都難以維繫了，何況是要離鄉背井，到一個全然陌生的國度去結婚生子與定居……。其中個人所經歷之甘苦，恐怕猶如寒天飲冰水，點滴在心頭了。

人類對生活的適應，通常指的是自己與環境之間，彼此所建立的滿意關係。其中包括了「個人適應」、「家庭適應」、「社會適應」三部分。

所謂「個人適應」指的就是個人對自己的看法與評價。

舉例來說，我們經常在群聚中，發現有些人可以落落大方，風趣幽默地侃侃而談，但某些人則畏畏縮縮地像避債主般地，老躲在牆角與壁虎爭地盤；而有些人像太陽般地散發光芒，對自己永遠充滿了信心；但也有些人像暗室中的幽靈，整日愁眉不展且怨天尤人……難怪林肯會說：「人過了四十歲以後，就要為自己的長相負責。」

個性的好壞，往往還是會反映在生活中，尤其是待人處事時的態度。它也會像面鏡子一樣地，反映出別人對自己的直接或間接觀感與評價。

如果一個人在其身心各方面均能調適得好的話，則在人生不同的階段，遇到任何角色的扮演，也都能迎刃而解或得心順手。

「**自信懂得謙卑，謙卑不忘學習，學習力求進步，進步分享成就，成就不忘回饋**」，這三十個字的箴言，常是我給要追求「如何邁向成功者」的座右銘。包括如何做個成功的父母親角色也適用。

給外配的幾點實務建議：

以我長期以來對外籍配偶的團體及個案的輔導經驗，再加上我自己的婚姻對象就是「華僑」，但仍屬外國籍，因此在個人適應的心得方面，也許較能引起外配她們在感受上的共鳴。而以下是給外配的一些心理建設與實務分享，希望可以參考。

一、有關「婚姻生活適應」方面

本國人與本國人的婚姻，因為是在同一地域，同一語言上發展的結果，想來應該是沒問題才對，可是事實不然。再怎麼說，雙方仍來自不同的家庭背景與生活習性。因此在婚姻過程中，所產生的各種磨合與調適，都是每對夫妻必修的功課。

跨國婚姻更是如此。因為來自不同國家的配偶，各有其不同的成長環境和文化背景，且差異性與需要調適的時間性更大。否則一旦進入婚姻後，往往會因婚姻感情基礎薄弱，生活中的風俗習性和文化與價值觀的相左，導致婚姻生活的適應上出現了嚴重的鴻溝或裂痕，最後不幸地只能選擇步上仳離的結局。

民以食為天，俗話說「吃飯皇帝大」。在家庭生活中尤其不能疏忽了飲食，往往是營造家人快樂氣氛的來源之一。如果家庭主中饋者，每日都得為三餐而傷腦筋或起衝突的話，久而久之，每逢應該期待要大快朵頤的用餐時間，反而成了「赴刑場前的最後晚餐」般地索然無味。

像來自中國四川、湖南，以及泰國、印尼、印度等地的外配們，在飲食上「無辣不歡」，幾乎習慣了每餐都得有辛辣口味的佐料，但偏偏很多台灣家庭，尤其是中南部和農村一帶的飲食口味，幾乎與辣椒或咖哩是絕緣的。如此一來，在吃的方面，就會出現「得了姑心失嫂意」的為難窘境，婆婆不敢吃辣而媳婦則無辣不歡。

蘇菲亞是印尼爪哇人，一位經過媒合而結婚來台的外配。可能基於一則人生地不熟，二則語言完全不通，三則從未見識過台灣料理的理由，所以不太敢也不太喜歡嘗試台菜，尤其是甜度較高和黏稠的羹湯類，因此她使用的食材總是不離辛辣、鹹、椰漿和蝦醬之類。

對從未嘗試過印尼菜的夫家人而言，第一次嚐到蝦醬炒空心菜加辣椒，還滿新鮮好奇，而第二次的辣味酸魚湯則是勉強捧場，但過了一星期後，餐餐仍不是辣椒就是咖哩輪番上陣，而且回教徒不吃豬肉，而婆家人是佛教徒則不吃牛肉，因此婆婆只好另起爐灶。

但問題依舊存在，不僅沒解決反而讓猜忌、不悅和誤解種下了夫妻間相互不斷責難與爭執的導火線。

經過雙方的輔導與溝通後，聰明又有智慧的蘇菲亞，欣然地接受了我們的建議。

我並以親身的經驗與她分享「入境隨俗」的重要性。跨國婚姻不論是在什麼狀況下促成的，但終究還是個人意志清醒下的抉擇，妳當然可以懷念祖國故鄉熟悉的一切，但更重要的是要激發迎接未來新故鄉的動力。

因為人的一生雖是蓋棺論定，但落葉也未必歸得了根。而眼前最重要的是心態上，要有「落地生根」及「破釜沉舟」的決心，何況一味地緬懷過去只會讓進步停滯，甚至錯過眼前正呼喚著你的幸福哩！所以一定要有既來之則安之的信心。並不斷地鼓勵自己融入新環境的腳步愈快愈好。只要樂意並拿出勇氣來接受新生活的挑戰，那麼原本陌生、難以接受或排斥的環境，也會因自己的轉念，而一夕間換成了新奇又值得探索與冒險的好環境。

瞭解與適應的機會不會從天而降，還是要靠自己去爭取。也唯有這樣，對自己及婚姻生活才會有實質的幫助。

而且，不能因她有掌廚的機會就可隨心所欲，在家庭婚姻中也要學習少數服從多數的民主精神。更何況夫家十分重視長幼有序的倫理，先不妨謙虛地跟著婆婆學習煮台菜，而且要一面學一面用她自己的文字記下來，千萬別以為會燒菜就等於會辦酒席。

至於婆婆方面也需有明理的思維。再能幹的外配媳婦終究仍是新手。而好婆婆就是懂得給予時間、機會、耐性和包容。

到底媳婦是外國人，單身嫁到台灣，除了孤單寂寞難免外，還有水土不服的風險，因此全家人要避免有排斥或歧視的行為，應適時地多給予關懷與溫暖。要知道，夫家人的態度常是讓外配決定，願不願意繼續維繫婚姻，及成為夫家成員的重要理由。

今非昔比，今日的蘇菲亞，不但燒得一手台、印兩地的好菜肴，更是婆婆眼中的好媳婦。而她的轉變，很幸運地是出於她和婆婆兩人都具有同理心。不但都能多為對方設想，且婆媳直接溝通，從不假借他手。彼此學會既是一家人，就不用再堅持自己個人看法最正確的主觀意識，如此一來，果真是退一步海闊天空呀！

蘇菲亞自己得意地描述說；她早已熟悉並完全學會了婆婆固定會作的那幾道家常工夫菜，甚至公婆還異口同聲以「青出於藍而勝於藍」來肯定她。而她準備的三餐伙食，幾乎都遵照夫家長期以來婆婆主中饋的規矩，即四菜一湯模式。

但她也懂得為自己爭取到四道菜肴中，有一道菜肴是屬於她自己喜歡的印尼菜；至於當她想吃牛肉料理時，則選擇不在家中廚房烹煮，以免無意冒犯且褻瀆了婆婆的信仰。她選擇不是外賣，就是乘機由丈夫陪同上館子打牙祭時滿足口慾。

令她更自傲的是，現在她煮的印尼菜，居然已榮登菜單榜，也列入了夫家逢年過節及祭祀時，不能缺少的主要菜肴之一。

即使外配來自中國，語言溝通上比起其他國家的外配，比較不成問題，但仍舊有隔閡，必然會有些許摩擦。在婚姻生活中要拉近距離或減少誤會，其中有個重點就是要「多信任而少多疑」。尤其不用太懷疑夫家人或親戚的竊竊私語，認為都是在數落或批評自己。

人與人之間的緣分維繫，多半是要靠相處後的瞭解及經過時間的考驗，沉澱下來的才是真情誼。因此不用急於表現或討好，只要能真誠以待，遲早都會獲得豐收。也要鼓勵子女多與夫家人及親戚、鄰居互動，愈多的參與和融入可以減少愈多的藩籬與排斥。

二、有關「語言的學習與溝通」方面

語言是人類在溝通上最直接的工具，但由於語言的不同，則容易造成溝通上的障礙與問題。

外配的生活習性與文化背景，與本國人之間本來就有很大的差異，若再加上語言不通，更阻礙人際關係進一步的溝通與瞭解。所以鼓勵及加強學習本國語言，已成了外配們要深耕台灣，不能不去做的事情。

曾經有位社會觀察家的朋友就感慨地說，他發現絕大多數早期從中國移民到台灣，自稱是外省人的族群，姑且不論當年其來台的動機，是在什麼樣的因緣際會下來台，但事實就是已經移民和定居在這塊土地上了，而且少說也都超過了半個世紀，但居然還不會講半句台語，也不願意去學，實在令人費解，到底是優越感作祟還是缺乏認同的意識。

就像有些台灣人，一心一意攜家帶眷地移民到了美國。但卻不論何時何地，就是堅持找台灣人交往，講台語、吃台菜、唱台語歌……。最嘲諷的是，當他在批判起美國的人、事、物時，居然還用「你看！他們那些美國人！」來阿Q一下，殊不知他早已入籍當了很久的美國人而竟不自覺。

人性是不受地域影響的。站在本國人的角度來評價外國人，除了有很多主、客觀的因素與條件外，最簡單的評價方法就是看對方是不是跟我們一樣或相似。而其中又以**「語言」和「食物」，常會是用來優先被認可的指標**。不相信的話，只要去問專業的「臥底」者，他們一定用點頭如搗蒜來回答。

當我隨夫定居菲律賓馬尼拉時，我告訴丈夫我要學菲律賓國語**Taglog**（大家樂）。丈夫有點詫異但卻不以為意地柔性勸說，他認為我的英文還可以，而菲國官方語文均以英文為主。況且我們出入的場所多為上流社會，應該使用英文的機會比較多，不用刻意去學菲律賓話。至於僑界則百分之八十是來自中國閩南的老移民，除了泉州腔調外與台語並無太大不同，所以生活層面上的溝通應該更沒問題。

可是我卻不這麼認為；因為我若從此必須在此地成家，生兒育女及定居的話，那麼它將會是我的第二個故鄉。

我不願意離開了自己的故鄉後，飄泊到另一國度卻反而又成了另一個異鄉人。再說我總不能只活在不食人間煙火的象牙塔，或只跟華人打交道的圈子裡。因此我決定不在乎丈夫的片面思維，一定要學會當地人民最通用的語言。

而且很早我就領悟到，學習語言最好的辦法，莫過於融入當地生活，並常與人互動接觸。而且學外語的另一進步空間就在於你一定要厚臉皮，即使講錯了也不在意被人取笑。

就這樣地，我沒有進入語言學校也沒有請家教，全憑自我進修。反正有空逢人就問就學，而有機會講就不錯過。當然在這個過渡期間，鬧了太多諸如雞同鴨講，或詞不達意等種種笑話；但結果幾年下來，不論洽公、購物、點餐、搭車、與司機、傭人溝通等，都暢行無阻。雖然我的菲語始終是沒有正確文法的，只能像打電報一樣，全是單字組合，可是只要對方瞭解就行得通。

俗話說，「人不親土親，土不親，鄉音親」，而它真的幾次都驗證在我身上。

有一年我到紐約市拜訪市府官員並考察一些社福政策；拜會完對方很熱心地送了我一大堆的參考書，影片及資料。

等我到了機場櫃台送走了大件行李，也和送行的朋友們一一道別後，就在進入海關檢驗時，麻煩來了！海關人員覺得我的手提行李太大，要求我必須退到海關進口處去分箱處理；

可是茫茫人海我一時要到那裡去找或買紙箱？再加上九一一事件後，整個美國的機場港口的安檢特別嚴格，常有人因此而誤了上班機的時間。當下的我雖心急如焚卻無濟於事。

就在此度日如年的瞬間，突然有人從背後輕拍了下我的肩膀；我驚嚇地回頭一看，原來是剛才我在洗手間遇到的一位菲籍的機場清潔工作人員。

因為在排隊等候上廁所時，正在進行清潔工作的她，突然靠近我並好奇地讚美起我的耳環。而我則善意地回應，猜她是不是菲律賓人？於是兩人頗如他鄉遇故知般地閒聊了起來……臨走前我希望她能不介意並收下我的耳環。她在不敢置信之下，特地回以熱情的擁抱。

這時的她手中正提著一個空紙箱，裡面還有一條塑膠繩。當時她悄悄地將它放在我跟前，並微笑地將其食指放在她的嘴唇上，然後轉身離去。也許是困頓中意外的感動，在目睹她離去的背影時，我竟五味雜陳地拭去了眼角的淚水。

人不親土親的神奇效應

另一次則是與幾位好友同行參加了北歐的旅行團，一路平安無事，偏偏到了蘇俄莫斯科後，在要返回的轉機過程中，行程上的機位有了變動。而同行的旅客中有人從旁打聽到，可能是航空公司的櫃台服務人員打算給韓國團優先上機。可是如此一來全部的行程將受到很大的影響，而當地導遊也束手無策。

這時我意外地發現，航櫃上的服務人員中有位小姐是黃皮膚人種，而且長得相當甜美。因離旅行團開始 **check in** 和登機間尚有一大段等待時間，而他們正在做些事前的準備工作，於是我乘機主動上前與之搭訕。

我試問她是不是泰國人？她回說她是菲律賓人。這下可是 Bingo 中獎了！於是我就用菲律賓話與她交談，從她訝異興奮的表情，可以想像得出她駐派在莫斯科這種地方，要聽到鄉音是多麼不容易的事啊！

在言談間獲知她和我的子女系出同門，都畢業於國立菲大，而且她是此航空公司的櫃台主管。於是我就鼓起了三寸不爛之舌，極盡諂媚之功能，再加上同行者貢獻了兩包台灣泡麵及一小罐隨身用的茶葉當禮物，就這樣，我們這團台灣旅客如期上了飛機。

我也永遠記得當我在修碩士學位時，有次教授在分組研討中，希望每位學員都能將自己的背景略加介紹。輪到我的時候我說：「我是台灣人，結婚後依夫定居在馬尼拉，這裡將是我的第二故鄉，而我以能成為菲律賓公民為榮……。」結果獲得不少掌聲回應。

可是就在這時候，有位年紀看來已過半百，而穿著長相看起來像是退休高階軍官的同學，突然以帶點挑釁的口吻、半開玩笑的方式說：「妳說妳喜歡菲律賓？可是如果妳沒有嘗試過這兩樣東西，就不配說妳是菲律賓公民！」

於是我立刻反問他：「你指的是不是鴨仔蛋和榴槤？」乍聽之下反而讓他愣住了。因為這兩樣對外國人而言，是比較難以領教和接受的東西，但我很早就突破並嘗試過了。當下此君馬上起立走向我，然後熱情地擁抱我，並用英文跟全班同學說道，「Let's welcome our Taiwanese sister !」（讓我們歡迎咱們的台灣姊妹）。

雙語教育，父母要用心

因此，當妳是個沒有太多資源的外配，且必須要在當地長期生活時，融入當地的語言及生活形態是很重要的資源。何況自己如果拒絕學習，將來如何能協助並與子女同步成長？刻意變成文盲的父母親，是不會受到子女尊敬的。

在台灣政府每年都花了上億的預算在對外配的語言、生活、文化及習俗上的教育工作，因此在台的外配們更要懂得多多利用此機會。

人不能忘本，所以外配在家固然不需要放棄教子女母語，但學會當地的國語可能更重要和實用。因為跨國婚姻是移民而非觀光，且大部分的子女長大求學的地方，多半還是會選擇居留在丈夫的國家，而非外配的原生地。

因此除非夫妻對子女們的前途早有安排並取得共識；否則仍以落地生根為大原則，何況世事多變化，而兒女的未來也未必就是父母能全部掌控或作主的。

有機會讓孩子從小就學會雙語或多種語言絕非壞事。至於怕當地人恥笑發音不標準則更無所謂了！要求外國人說本國語言須字正腔圓，也未免太苛求和矯揉造作了，況且又不是立志要當新聞主播。

以前我在對付嘲弄或取笑我文法錯誤或發音不準確的菲律賓當地人時，不是也叫他們說台語試試看，不然就是面帶微笑用台語幹譙兩句，反正他們也聽不懂。因此跨國婚姻生活中，除了成年人世界的問題外，就屬孩子的教育方針最需慎重考量。

因為環境許可，所以我算幸運地，孩子從小每逢暑假就回台灣，與阿公阿嬤學台語，而菲律賓話則學校及生活中每分鐘都用得上，加上學校也有學習的機會，因此不用太在意。

菲律賓屬於英語系國家，除了窮鄉僻壤外，大部分的孩子從幼稚園就開始學簡單的英文，加上我們一開始就決定讓子女們小學到中學念僑校，因此在語文的學習上形成了上午半天讀英文，下午半天讀華文的型態。

雖然我自己從小就是國語演講比賽高手，但擔心荒廢已久，發音恐失準，因此為了使子女能學會第二語文的華語，於是我自己又從ㄅ、ㄆ、ㄇ、ㄈ等三十七個注音符號及四聲音標重修一遍，再來教導子女。

在只要會注音符號就可查字典的前提下，若想要多認識漢字與發音，則學會注音符號就是入學的基本功，因此為了貫徹使命，我的三個孩子無一能夠倖免。

除了來自學校老師們每天要求的學校作業外，從小學三、四年級開始到六年級畢業前，我的三個子女，除了他們的生日和聖誕節各放假一天外，每日均須抄寫注音符號從ㄅ到ㄩ各十遍。我從開始的教、盯、催、罰、賞，到他們能夠自動自發繳作業為止，數年如一日從不許討價還價。

而既然英文是主要語言，那麼就須學會標準英文而非夾雜菲腔的菲式英文。丈夫留美，英文又比我好，於是孩子們的英文作業就由他來負責。但他經常忙著事業，總是不能全力以赴，所以我就讓子女們從小看美國當時最受孩子歡迎的寓教於樂的節目《Sesame Street》（芝麻街）的影片，來強化生活會話、聽力與標準美式發音。

總之，我的子女均已長大成人，雖非人中龍鳳，也沒有什麼大成就，但至少對他們而言，多懂幾種語言，無疑也是意外的收穫。

另外有原則地讓子女們養成規律的生活與有禮貌的家教，仍是家長對孩子們童年最重要的教育方針。

至於因你是外國移民，而遭到別人異樣的眼光或不友善的對待時，只要無損於人格的尊嚴範圍內，其實不用太介意，更毋須把自己當弱者自卑或自憐。別忘了人類再文明、民主或人權口號喊得呱呱叫，但有時仍免不了會墜入弱肉強食的陷阱。

因此在愈孤單無助的環境裡，唯有勇敢地自立自強才能有力量面對或承擔。而且在跨國的婚姻裡，外配和孩子們，完全不須負任何不明不白的原罪。反而是那些大驚小怪、短視、封閉和違反民主的種族歧視者，才需要為他們無知又無聊的行為感到羞愧與抱歉！

三、建立個人及家庭以外的「社會人際網絡的資源」方面

婚姻是追求浪漫愛情的終極站，所以才有人用「婚姻是愛情的墳墓」來形容。尤其很多跨國的婚姻，往往在遠距的想像空間裡，讓不切實際的浪漫，掩飾或遮蓋了生活的真實性與真相。

就像沙漠中的綠洲是用來欣賞而不是用來真正解渴的。因此當你被困在沙漠中時，是要責怪被綠洲矇騙了，還是怪自己對沙漠瞭解不夠，還是你根本不適合沙漠？

凡事預防甚於治療。婚姻是以愛情為前提下的夥伴關係。雖非營利關係但也不保障能終生續約。所以才會有人喟嘆，夫妻有如同林鳥，大難臨頭各自飛。

因此當你接受了跨國婚姻進入其他國度後，即使有丈夫可供依賴，你仍必須學會如何保護自己：

1. 一定要學會觀察主、客觀環境以及與自己生活中有連帶關係的人、事、物之敏銳度與記憶。像是自己丈夫的姓名，身分證字號以及其工作的性質、地點。還有自己婚後住所的地址，方向與特徵……等。當然範圍最好也含括了夫家人的家人、鄰居及朋友。
2. 一定要設法找到駐當地的大使館，及參與同鄉會等組織。至少可以向他們報到及諮詢一些有關個人、人身安全與權益的可靠訊息作為參考。也因參與了團體而有機會在多方互動下，給自己多開拓新的人際關係和協助。
3. 一定要學會生活上的獨立作業。像必須學會搭乘公共交通工具；如巴士、捷運，火車，飛機等。但若有機會一併學會騎腳踏車、摩托車甚至開車，都是很好的選擇。會運用的交通工具愈多，走起路來更方便。諸如逛街、上市場、接送小孩、出外旅遊等，都可以減輕不適應感。

4. 一定要管理好自己的財務。

可到銀行或郵局（在台灣郵局有儲蓄的業務服務）開自己名下的帳號、保險箱，並由自己保管。人不一定要有錢，但有錢總令人較安心和有自信。

5. 不論是男女外配都應擁有外事警察局、移民局、家暴中心以及居家鄰里長的電話號碼以便急需之用，而「手機」更是不能少。

我曾經把以上這些建議，給了一位當了多年跨國婚姻的媒合友人。她不但很感謝，還更進一步熱心地替很多跨國婚姻中弱勢一方來開口，要求對方在婚前就需把上述幾個項目協助完成。

很多戀愛中的兩性，都會覺得談錢傷感情，而計較就不是一家人。可是擺在眼前的是，跨國婚姻的障礙，陷阱比較多，且調適性上也比較困難。因此為了走更遠更穩的路，還是得小心謹慎。如果你連自己都保護不了，又怎麼去保護子女？

而在小孩子就學方面，為人父母者則一定要參加家長會，並能誠實地將自己所面臨的擔心與遇到的困難，坦白地告訴校方的級任老師或輔導室。相信他們應該都樂意給予並伸出溫暖的援手。

妳喜歡那種人做妳的丈夫？
要是浪漫的，會唱歌跳舞，從不會給我惹麻煩…
不抽菸、不喝酒，而且常會討我和我媽媽的歡心
這樣看來，妳不需要丈夫妳需要的是一台電視
Edwin

5. 養父母有話說

雖然我們從小就被教育而認知到，所謂「天下無不是的父母」的觀念與孝道。但在現實生活中，的確仍有不少父母親的行為，不論是出於大環境的逼迫與無奈，還是其個人另有難以啟齒的隱衷，或者是一時思慮不周導致做出衝動而不成熟的決定……，總之他們在父母角色的扮演上，對子女往往只盡到生下他們的權利，實質上卻放棄或缺席了撫養與教育的重大責任與義務。

所以有一句古老的諺語說：「親生的擱一邊，養育的恩情大過天。」正是形容在養兒育女的生命長河之艱辛工程中，養父母自小含辛茹苦地從嗷嗷待哺的嬰兒，拉拔照顧長大成人，其付出的奉獻與恩情，再怎麼說都比雖有親生血緣的父母親，卻只有生產而未養育的來得大。

被領養子女的心情故事

許多被領養者在得知或確定自己的真正身分後。明知其養父母親對他而言是多麼恩重如山且視己如己出，但不論是基於自己意外的發現還是被刻意告知，不同的年齡層還是有其不同的情緒反映。但多半若不是採取出乎意外的強烈反彈，就是令人感到焦慮地壓抑和冷靜，幾乎無例外地都會經過創傷後的症候群現象。

就像從一剛始發現真相時的驚愕，在既不願也不敢置信的衝擊後，接著下來就會開始氣憤或天馬行空地質疑起養父母；被親生父母遺棄的各種背後的動機，甚至對養父母親隱瞞實情的不諒解，也會在此時一併產生。

漸漸地，更會讓合理化的負面想法，開始對自己存在的價值貼標籤。例如開始以憐憫、同情甚至厭惡，痛恨自己……等自我否定及自我懲罰的方式，呈現在生活的態度上。

很久以前，我曾經在電台主持過一個頗受歡迎的節目，而內容跟婚姻家庭議題相關且以 call-in 型態呈現，達四年之久。無奇不有且印象深刻的個案當然很多，但在當時還沒有手機和電子簡訊及郵件的情況下，聽眾習慣當電話打不進來、或個性比較保守或嚴肅者，就會來信或投書。

有一天我收到一位聽眾沉甸甸的來信；當時我讀完這封他形容是在血淚交集下完成的內心告白，至今仍印象深刻。

信中說，他現年已經廿歲，高中畢業並剛服完了兵役。可是他面對的既非再升學或就業的問題。他真正徬徨的是，不知道該如何向養父母表態？或到底想表態什麼？或該不該表態？……等，希望我能透過電台節目來為他指點迷津。

原來他在高中一年級時，就已發現自己非父母所生，而是他們的養子。但照理說，以他當時的年紀，遇到這檔人生大事，絕對不是個人能力所能承受或承擔的，為何他可以平靜地擁有這個天大的秘密，並能保密得天衣無縫？當然是有原因的，關鍵人物就是，他發現所就讀學校的一位學長，居然就是他的親生哥哥。

他的故事彷如電視連續劇情節般地離奇。話說他的親生父母生下他的那年冬天，由於工人不小心火燭，導致租來的工廠因失火而付之一炬。在生產線被迫停止運作的情況下，既出不了貨又面臨周轉不靈。不幸的消息一傳開，加上年關已近，債主立刻紛紛找上門來，於是他的父母只能選擇宣告破產，被迫舉家搬遷另赴他鄉。

偏偏其生母在火場中為搶救其他家庭成員而受了重傷住院，自身難保之下根本無法再去關照或哺乳才不到一個月大的他；夫妻倆正陷入困境，苦無解決之道時，一向與其生母情同姊妹淘的好友，卻在此時主動地伸出援手。

因為她自己生了兩個女兒，但事隔多年無法再孕，她本來就有意在婆婆慫恿下想要去領養個男孩。剛巧適逢好友有難，加上這個現成的男嬰也還沒有去正式報戶口，於是就這樣，雖然親生父母均十分不捨，但在當下卻是唯一較能解困的方法時，可說是唯一的選擇，至少親生父母將孩子託付在好友的愛心照顧下，會比較放心與安心。

就這樣，其親生父母為了避免給養父母在孩子的教養上帶來不必要的麻煩，於是明知養父母的地址，卻從不去干擾。而養父母這邊，在不斷慎重地囑咐下，兩位姊姊更是對此不速之弟，從小就當小寵物般地喜愛有加。

雖然隨著年紀漸長，有時孩子們之間難免會有些齟齬或衝突時，一時不小心也會忘記而脫口地說出：「你不是我弟弟，你是媽從外面抱來的！」但這些都被視為「孩子的氣話」，總會因沉浸在養父母親足夠的愛心下化解了危機的小插曲。

儘管有時看著全家福的照片，自己腦海中也會不自覺地突然閃過些可笑的念頭，諸如兩個姊姊，一個長得頗像爸爸，另一個則簡直就是媽媽長相的翻版，但為何偏偏他兩者都不像？這時候，父母親總是幽默地笑說因為他特別，所以可能是受到隔代遺傳基因的影響，所以長得像祖父母。因為從他出生印象中就未曾見過祖父母，因此也就不疑有他……。

直到他上了高中參加了籃球校隊，幾乎教練和隊員們都認為他和擔任球隊隊長的學長，實在長得太像了。可能因為如此，隊長也對他特別關心和照顧。

本來也是平安無事，沒想到在一次區校隊的籃球比賽過程中，他被對手犯規撞倒昏了過去，醒來時已躺在保健室，而正在陪伴他的就是隊長。

事後，其父母為了要感謝隊長的友愛與奉獻，決定請他和教練到家中來作客。也就這樣，在無心插柳柳成蔭的情境下，當隊長看到他們家牆上從小到大的全家福時，心中不禁怔驚了一下，於是當用完餐後，竟主動要求與其全家人合影留念。

等隊長把照片洗出來後，再翻出家中僅存的幾張舊照片，比對之下，發現照片中最熟悉的阿姨其實就是弟弟的養母。

他三思後，決定先不告訴父母親這個意外的發現。反而找個適當的時機跟弟弟說明所發現的事實，以及他之所以被領養的前因後果。就在彼此驚喜及感慨不已下，當為兄者知道弟弟在養父母家受到很好的照顧，於是兩兄弟決定一起緊守秘密到永遠。

豈曉得天公不作美且好景不常，就在他退伍前的一個星期，他突然收到前學校籃球某隊長傳來噩耗，沒想到昔日的隊長，也就是他心目中最敬愛的親哥哥，竟會因意外車禍嚴重受傷，雖曾清醒過來，但最後仍不幸死亡。而臨終之前唯一的交代就是他希望能錄音，並託隊長親自交到他的手中。

他在給我的信中表示，聽到親哥哥突然去世的消息，遠比知道自己的身世時，難過了好幾倍。因為對他而言，雖然兄弟間的情感來得晚、也還很淺，但仍異於姊妹的感受。何況他們曾擁有共同的興趣與語言，一起練球，並肩作戰。最重要且值得驕傲的是，他們不但改變了命運，還共同擁有了彼此人生的重大秘密。

因為其親生父母本來就只生下他們兩兄弟，只能喟嘆命運多舛，不得已的情況下次子生離地被領養，而如今唯一依賴的長子卻就此死別。一夜之間膝下竟虛無，真是情何以堪！

因此其兄在錄音帶中，語帶哽咽地特別留言給他說：他不會自私地勉強弟弟必須將秘密公開或認祖歸宗，因為在戶籍上他早已是養父母的合法兒子。但只求他有機會不妨能代他多盡孝道，偶爾以他們曾是隊友和朋友的身分去探其親生父母，以慰其在天之靈。

我記得當時給他的建議是；人性終究不能泯滅。不妨將其兄留下的遺囑錄音帶拷貝，並分別交給其兩對父母們聽，然後再坦承其他種種過程的細節。俗話說死者為大，任誰也都會願意配合去完成哥哥的心願。何況大太陽下無新鮮事，而新鮮事一旦攤開在太陽下就沒啥稀奇了。

凡事到頭來，真的假不了假的真不了。再說養父母與生父母本來就是知交，雙方之所以會在他被領養以後就不再往來的真正原因，不外是出自於雙方家長的明理與善意的回饋，而最重要的因素就是要保護無辜的他免於受到不必要的傷害。

因此對早已知道自己身世且能調適很好的他而言，遇到這種突然而來的棘手問題，雖然令人心痛但乃不幸中的大幸。因為不論是生父母還是養父母對他而言，雖然可能是兩樣不同感受的親情，但無疑地卻是一致真情的愛。

也許唯有公開事實，才能使各方獲得更多的信任和諒解，也才能給自己從壓抑的親情中脫困，更自由與自在。

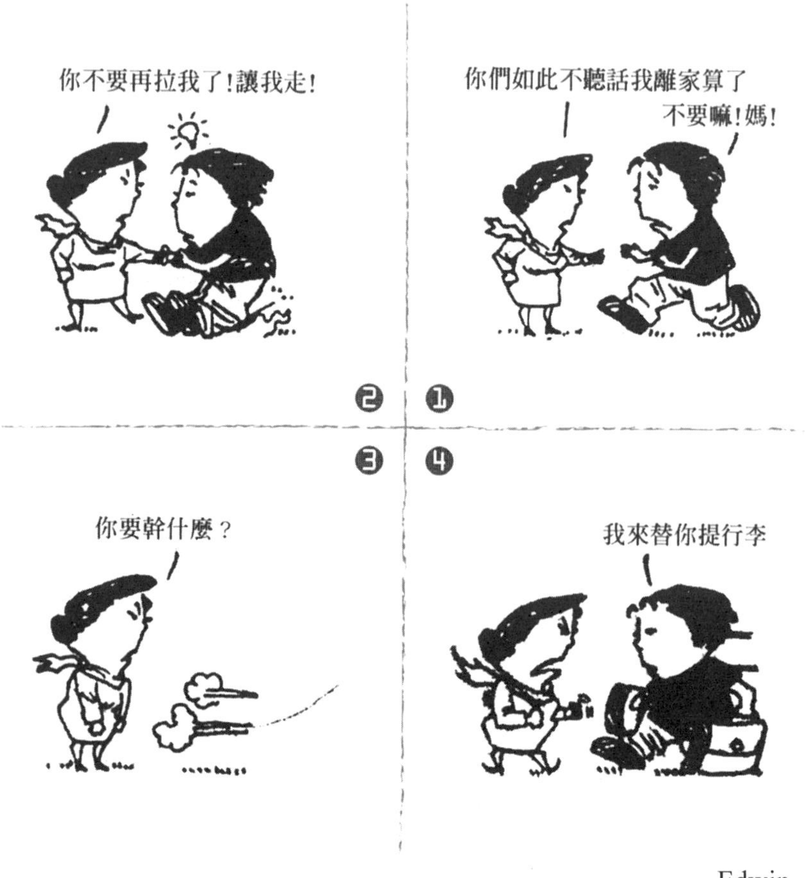

Edwin

6. 養子命運，因愛不同

唯有大愛，才有真正的喜樂。

同樣是被領養的身分，但因時代背景與個人際遇的不同，對命運的作弄與承擔也就有了天差地別。以下是我自己的真實故事。

我的父親是出生於舊社會窮苦之佃農家庭，而其母親竟在屋漏偏逢連夜雨的惡劣環境下，卻又生下了一對雙胞胎。終究抵不住現實生活的殘酷，不得不割愛留住同是雙胞胎的長男，而將次子的他送給同村環境較好的同姓宗親當養子。

父親生在一九二〇年代，那是個落伍、封閉又多文盲的典型農村社會。地主與佃農分別對立，站在權勢和奴役拉扯的兩端。

貧窮人家，就算全年無休做牛做馬地耕作，也難得溫飽，因此幾乎全把指望都放在養育子女們的身上。可是在增產報國的口號之下，對既不懂也不知，甚至不允許節育的一般勞動家庭而言，要活下去而且活得有些尊嚴，在那個年代還真的不是件容易的事。

父親一生中雖然也歷經了不少的風浪，但他始終有個屬於自己、痛定思痛之下產生的不可動搖之信念：那就是縱使日子再難過，他也絕不會輕易地答應，或以任何的理由來讓自己的子女被領養。

相對地，在我成長的記憶中，父親除非萬不得已，否則絕不動手打孩子。因為在他當養子生涯的回憶中，烙下最深刻的傷痕者，不是挨餓就是挨打。因為他受夠了，所以當然也就不願意讓子女再重蹈其轍。

在那個不平等的舊時代，或許不乏也有些圓滿的結局者，但多數的養子和養女們的不幸遭遇和故事，就像家常便飯般地每日都在輪番上演著。更有多少不為人所知的無辜孩子們，任由掛羊頭賣狗肉的狠心親生父母與養父母們，聯手將之賤賣當童工、童養媳，甚至推入火坑為娼妓，他們是被時代棄養的犧牲者。

二十一世紀，隨著人類文明的進步，兒童人權開始受到重視，家庭普遍有了少子化現象，以及遲婚年齡層的指數升高，婦女不孕症比率的不斷增加，其中還包括了擔心供給養兒女的費用無法承擔等種種因素。

在教育全面普及化後。導致有愈來愈多的人，已開始能敞開心胸學習並體會到，每個孩子是獨立的個體，絕非父母親或家長眼中單純的私人物品和財產；他們是全世界人類共同的資源。而唯有真正做到「老吾老以及人之老」「幼吾幼以及人之幼」，則天下期可太平矣，但在真實的社會，又談何容易啊！

尤其是華人的社會，不但會特別在意子女是否己出，更有人的思想還停留在「血緣主義」的刻板印象中。

洋人的世界大同觀

有一年我應邀到加拿大首都渥太華跟同鄉演講，並順道拜訪了當地一所著名大學社會學系的洋人教授；當我到他家作客時，他們夫婦除熱情接待外，並一一向我介紹他們的六個孩子。其中最大的兒子已讀大學，而最小的女兒則還在念小學。

我所驚訝的不是因為外國人通常是不會生那麼多的孩子，也不是因為孩子們歲數上的差距，我真正被感動的是，六個孩子中有三個是白種人，其中又有二個是黃種人，另外一個是黑人。

我個人當然不是會有種族歧視想法的人，但當我知道他們除了自己生的三個子女外，還分別領養了來自越南、中國及非洲的孩子時，我心中的無比敬意不禁油然而生。

趁餐後喝咖啡閒聊時，我悄悄地請教他們是如何在自己親生子女和領養的子女間扮演好父母親及教育的角色？他們夫婦竟異口同聲地回說：「很簡單，就是一視同仁。」

其實當孩子年齡小而對人、事、物和環境的思維與認知的判斷，均都還不夠成熟時，他們往往都是活在以其自己為中心的幻想與假象的夢幻世界裡。甚至有時候對大人世界的所謂真實性，都難以理解更遑論能正確判斷其真偽；我也舉一個真正發生在我身上跟養父母有關的荒謬事件；那一年我十一歲。

我童年的教育背景，乃是屬於權威性、斯巴達式，以及相信棒下出孝子的體罰政策。而我們就是那群不打不成器明訓下的倖存者。

因為每個家長開學送孩子到學校，交代老師們的第一句話，幾乎千篇一律且如出一轍地都是說：「老師！拜託您了，只要不乖或不聽話，請您盡量打！」好像老師是帝王，家長是朝貢者，而學生則是上貢給祭壇的犧牲品一樣。

由於家母家教嚴格，所以很容易動輒得咎。偏偏家裡孩子多，狀況也就層出不窮，而母親又喜採「連坐法」；因此只要弟妹們一出差錯，一定少不了我這位當大姊的，就得以「督導不周」為由一併承擔，並接受處罰。

這樣還不打緊，每次母親在數落我們的不是時，總是會把對父親風流事跡不滿的情緒，遷怒在我們這些既無辜又懵懵懂懂的孩子身上。而她常罵我們的一句話就是：「你們都是你父親跟外面的女人生的，是我看你們可憐才撿回來養的！」

有一天我又被莫名挨打後，一面擦乾眼淚一面心想，原來她不是我的親生母親，才會如此蹧蹋我，那我為什麼還要待在這裡平白受欺侮？我必須用行動來反抗。於是趁母親氣消外出時，我馬上轉身到房間的衣櫥裡，拿出幾件自己最心愛的衣服打包好，準備就此離家出走去找生母。

結果革命不成，行蹤還是被母親發現了，她自己在啼笑皆非的尷尬下，雖然對我曉以大義且講個明白，但我還是有一段很長的時間不相信她所解釋的是真話，而且居然有時還會不經意地以養女悲情自憐的身分，用陰陽怪氣的氛圍與母親互動。

因為子女們從小最依賴也最信任的對象就是他們的父母親，而人的一生中感到最溫暖的地方就是永遠有父母為他們點盞燈的家。因此身為父母者有時也須謹言慎行，否則意外付出的代價恐怕會給自己帶來無法彌補的憾事。

該不該告訴養子女他的真實身分？

至於養父母應該選在什麼時候告訴養子女的真實身分這件事，其實對於專家們而言仍是見仁見智。有些主張善意的隱瞞並不算罪過；況且若初生嬰兒登記的戶籍合法又無破綻，加上又搬離過住所，除非是不得已東窗事發了，再來解釋也還來得及。

我就曾經參加一位好友女兒的結婚典禮，並以證婚人身分上台祝福。她的女兒其實是她的兄嫂在國外留學時意外懷孕產下；但不到半年，兩夫妻卻決定離婚。而嬰兒的母親選擇無條件放棄監護權，於是我朋友便奉父母之命，在其丈夫的陪同下，赴該國將此女嬰帶回，並辦好了台灣方面的合法領養手續。接下來他們夫婦自己在連生了兩個男孩後就結紮了。而這女生一直都被當成家中的公主和女王般地對待，直到結婚，她什麼都不知道。

當然如果領養的子女年齡漸長，也開始懂事或有強烈的記憶了，譬如已經六、七歲或開始念小學、中學；養父母可以採主動但也可採被動的方式告知。但不論採取什麼方式，重要的是其必要性。包括時間、地點、氛圍以及溝通的內容和語氣，尤其是態度誠懇與否，則都是影響結果的因素之一。

對於一個才四、五歲的孩子而言，養父母只要用心去扮演親職的角色就好；不用急著去跟孩子做身分的認證或解釋。因為對他們而言，父母親的角色還是處在「有奶便是娘」的認知上。而時間久了，生活中彼此一旦相依為命慣了，不但以前真實的記憶會漸漸模糊且愈來愈不確定，反而會自然而然地相信養父母就是自己的親生父母。

至於年齡已近少年或青少年才被領養者，他們最恐懼的並不是知道或被確定自己是養子的事實；也不是他們對人際關係的權利和義務，而是害怕不知道那一天會再被棄養。

在美國有許多因各種家庭因素，而不得不被社工安置在不同寄養家庭的小孩子。因為他們必須脫離親人而又無法長期地在同一安定的環境下生活，再加上每一次在不同的寄養家庭所遭遇到的差別待遇，都讓這群拎著皮箱敲不同門的小流浪者身心俱疲，且漸漸對人性失望。常見到寄養家庭的孩子，不但充滿了負面的敵意，甚至會採不合作及破壞行為。

收養子女任重道遠

我們都知道愛就是無止境的付出關懷與包容，但千萬別只侷限於血源的關係與考量。唯有大愛，才有真正的喜樂。

總之，收養子女是件任重道遠的抉擇。而除了真愛的付出外，也是對自己信心和耐性的挑戰與考驗。因為孩子是有生命的，不同於買車子，隨時可以更換或丟棄。而且養父母的角色，不論出於任何動機，至少都是神聖而有尊嚴的。因此若能處處都以孩子的利益作為優先考量，加上願意無代價的付出，即是養父母角色成功的要訣。

但若只是一味地沉浸在擔心或考慮到收養子女後，將來他們一旦長大了，不是會去投奔親爹娘就是忘恩負義等功利思想的話，奉勸閣下還是做自己就好，不要輕易去承擔養父母的社會重責吧。

熟年館

再考一張父母執照

作　　者—黃越綏
發 行 人—王春申
總 編 輯—李進文
編輯指導—林明昌
主　　編—王育涵
封面設計—余俊德
校　　對—謝惠鈴

業務經理—陳英哲
行銷企劃—葉宜如
出版發行—臺灣商務印書館股份有限公司
23141 新北市新店區民權路 108-3 號 5 樓（同門市地址）
電話：(02)8667-3712　傳真：(02)8667-3709
讀者服務專線：0800056196
郵撥：0000165-1
E-mail：ecptw@cptw.com.tw
網路書店網址：www.cptw.com.tw
Facebook：facebook.com.tw/ecptw

局版北市業字第 993 號
初版一刷：2013 年 1 月
初版六刷：2018 年 11 月
印刷：沈氏藝術印刷股份有限公司
定價：新台幣 360 元
法律顧問：何一芃律師事務所

再考一張父母執照 ／黃越綏著. -- 初版. -- 臺北
市：臺灣商務， 2013. 01
面 ； 公分. --（熟年館）

ISBN 978-957-05-2806-0 (平裝)

1. 2.

173.3 101025395

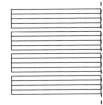

廣	告	回	信
板橋郵局登記證			
板橋廣字第1011號			

免　貼　郵　票

23141
新北市新店區民權路108-3號5樓
臺灣商務印書館股份有限公司　收

請對摺寄回，謝謝！

傳統現代　並翼而翔

Flying with the wings of tradtion and modernity.

讀者回函卡

感謝您對本館的支持，為加強對您的服務，請填妥此卡，免付郵資寄回，可隨時收到本館最新出版訊息，及享受各種優惠。

■ 姓名：____________________　　性別：□ 男　□ 女

■ 出生日期：________年________月________日

■ 職業：□學生　□公務(含軍警)　□家管　□服務　□金融　□製造
　　　　□資訊　□大眾傳播　□自由業　□農漁牧　□退休　□其他

■ 學歷：□高中以下（含高中）□大專　□研究所（含以上）

■ 地址：
____
____

■ 電話：(H) ____________________ (O) ________________

■ E-mail：____

■ 購買書名：______________________________________

■ 您從何處得知本書？

□網路　□DM廣告　□報紙廣告　□報紙專欄　□傳單
□書店　□親友介紹　□電視廣播　□雜誌廣告　□其他

■ 您喜歡閱讀哪一類別的書籍？

□哲學．宗教　□藝術．心靈　□人文．科普　□商業．投資
□社會．文化　□親子．學習　□生活．休閒　□醫學．養生
□文學．小說　□歷史．傳記

■ 您對本書的意見？（A/滿意　B/尚可　C/須改進）

內容 __________編輯__________校對__________翻譯__________
封面設計__________價格__________其他______________________

■ 您的建議：______________________________________

※ 歡迎您隨時至本館網路書店發表書評及留下任何意見

臺灣商務印書館　The Commercial Press, Ltd.

23141新北市新店區民權路108-3號5樓　電話：(02)8667-3712
讀者服務專線：0800-056196　傳真：(02)8667-3709
郵撥：0000165-1號　E-mail：ecptw@cptw.com.tw
網路書店網址：www.cptw.com.tw
臉書：facebook.com.tw/ecptw